转型时期刑事诉讼证据及证明研究

谢天 李汀 庞彦燕 余晶◎著

四川大学出版社

图书在版编目（CIP）数据

转型时期刑事诉讼证据及证明研究 / 谢天等著.
成都：四川大学出版社，2024.7. -- ISBN 978-7-5690-7048-4

Ⅰ. D925.213.4

中国国家版本馆 CIP 数据核字第 2024487P7X 号

书　　名：	转型时期刑事诉讼证据及证明研究
	Zhuanxing Shiqi Xingshi Susong Zhengju ji Zhengming Yanjiu
著　　者：	谢　天　李　汀　庞彦燕　余　晶

选题策划：梁　平　杨　果
责任编辑：孙滨蓉
责任校对：杨　果
装帧设计：裴菊红
责任印制：李金兰

出版发行：四川大学出版社有限责任公司
　　　　　地址：成都市一环路南一段24号（610065）
　　　　　电话：（028）85408311（发行部）、85400276（总编室）
　　　　　电子邮箱：scupress@vip.163.com
　　　　　网址：https://press.scu.edu.cn
印前制作：四川胜翔数码印务设计有限公司
印刷装订：成都金龙印务有限责任公司

成品尺寸：170 mm×240 mm
印　　张：9.75
字　　数：189千字

版　　次：2024年9月 第1版
印　　次：2024年9月 第1次印刷
定　　价：68.00元

本社图书如有印装质量问题，请联系发行部调换
版权所有 ◆ 侵权必究

扫码获取数字资源

四川大学出版社
微信公众号

目 录

导 论 ·· 1

第一章 捕诉合一的程序功能及证明逻辑 ······················· 6
 第一节 捕诉合一办案机制的形成机理 ························ 7
 第二节 捕诉合一办案机制的程序功能分析 ·················· 10
 第三节 捕诉合一办案机制的证明逻辑反思 ·················· 13
 第四节 捕诉合一证明机制的完善 ····························· 15

第二章 认罪认罚从宽制度改革背景下的定罪事实证明新探 ··· 17
 第一节 认罪认罚案件中证明标准的反思与重塑 ············ 17
 第二节 被告人认罪认罚自愿性保障机制的再检讨 ········· 23
 第三节 认罪认罚案件中庭审证据调查规则优化 ············ 31
 第四节 认罪认罚案件中错案风险防范措施的配置 ········· 36

第三章 庭审实质化视野下的证人调查模式转型 ·············· 41
 第一节 困境与反思：庭审证人出庭率低——一个非自限性问题 ··· 41
 第二节 证人调查模式历史演变之一：普通法系 ············ 44
 第三节 证人调查模式历史演变之二：大陆法系 ············ 53
 第四节 表象与解构：证人调查模式差异之影响因素 ······ 62
 第五节 我国证人调查模式转变 ································ 69

第四章 审判方式转型带来的证明难题及其应对 ·············· 80
 第一节 刑事诉讼领域中在线审判方式的实际运用情况 ···· 80
 第二节 刑事在线审判与直接言词原则的冲突 ·············· 85
 第三节 刑事在线审判中的证据出示与质证 ················· 88

1

第四节　探索刑事诉讼证人在线出庭的可行性……………………… 92
　　第五节　应对方案：宜对刑事诉讼在线审判规则进行整合型改造…… 95

第五章　刑事推定的适用问题及改革进路……………………………… 103
　　第一节　话语与实践的困境：刑事推定的中国问题综述……………… 104
　　第二节　证明标准与证明责任的考察：刑事推定的本体论探究……… 106
　　第三节　自由与秩序的权衡：刑事推定的价值论分析………………… 108
　　第四节　微观与宏观的并重：刑事推定的内涵展开及进路构想……… 109
　　第五节　刑事推定的完善路径…………………………………………… 111

第六章　庭审实质化背景下的量刑事实证明问题研究………………… 114
　　第一节　量刑事实概念探微……………………………………………… 114
　　第二节　量刑事实的证明方式…………………………………………… 117
　　第三节　量刑事实的证明责任…………………………………………… 120
　　第四节　量刑事实的证明标准…………………………………………… 123
　　第五节　庭审实质化中的量刑事实证明的完善……………………… 126

第七章　刑事涉案财物处置及程序性规则……………………………… 128
　　第一节　刑事涉案财物处置的现状与问题厘清……………………… 128
　　第二节　刑事涉案财物证明的疑难解析——以涉黑犯罪案件展开… 135
　　第三节　相对独立性刑事涉案财物处置程序的提出………………… 140
　　第四节　相对独立性刑事涉案财物处置程序性规则构建…………… 145

后　　记……………………………………………………………………… 152

导 论

2014年10月,党的十八届四中全会审议通过《中共中央关于全面推进依法治国若干重大问题的决定》,明确提出"推进以审判为中心的诉讼制度改革"的重要任务。自2015年初起,该改革试点工作在全国范围内逐步展开,并伴随着规范性文件的制定和出台,确保"以审判为中心"的刑事诉讼转型得到有效实施。同时,随着科学技术的不断进步,现代审判方式正经历着深刻的转型。在数字化时代背景下,审判活动需要逐步从传统的控制模式向参与主体相互依存和协调的模式转变,实现从垂直式、纸质化信息传递机制向扁平式、虚拟化数字交流机制的升级。转型的特殊时期为刑事诉讼的迭代更新提供了机遇,但与此同时,也给刑事诉讼审前阶段、庭审阶段、审后阶段的工作带来了诸多挑战。

在审前阶段,转型时期的刑事诉讼涉及新型办案机制的形成与认罪认罚从宽制度的完善。一方面,就权力配置而言,为应对审判中心主义对审判程序的检验需求,原本分散的审前权力,如侦查权、审查逮捕权、审查起诉权等,会自发地趋向于相对集中与整合。这一整合过程将对现有的程序结构产生深远的影响。检察机关的两项核心职能——审查逮捕与审查起诉,也将在改革进程中实现融合,催生"捕诉合一"的新型办案机制。另一方面,认罪认罚从宽制度,作为刑事司法与犯罪治理的中国特色方案,体现了我国刑事司法制度的重大创新。然而,在此制度中,检察机关的主导地位日渐凸显,存在"检察官司法"现象,可能增加控方滥用权力,如威胁、引诱或欺骗被追诉人选择认罪认罚的风险。

在庭审阶段,转型时期的刑事诉讼涉及证人调查模式、庭审方式、证明手段、量刑事实等方面的调整优化。第一,在证人调查模式层面,我国刑事诉讼中证人出庭率偏低,对此"以审判为中心"的诉讼制度改革将庭审实质化作为改革重心,明确要求"提高出庭作证率",改进证人调查模式。若证人不出庭,则难以实施其证言的举证、质证和认证活动。若以宣读书面证言来替代当庭口头调查，并将庭前书面证言作为定罪量刑的关键依据，庭审将可能沦为对侦查阶段卷宗文书的二次复核，使审判流于形式。第二，在庭审方式层面，在线审判作为一种新型的庭审形式，随着视频、音频等新技术的出现，证据形式更加多样。随着通信技术的迅速发展，特别是5G技术的应用，依托流畅视频的远程线上开庭成为可能。同时，各类通信软件的开发进一步完善了这种新型审判方式，引入了新的示证方式，但也带来了新的证明难题。第三，在证明手段层面，推定是证据裁判主义语境下解决证明困难的技术方法之一，往往在证明困难时发挥着广泛的作用，但由于它缺乏规范层面的正当性依据，只能借助通常的证明话语获得合法性支持。因此，在实践中，刑事推定通常发挥"后台化"作用，学者们对刑事推定的"慎用"态度值得进一步商榷。第四，在量刑事实层面，我国刑事司法长期受到"重定罪、轻量刑"理念的影响，在刑事审判中，定罪问题往往受到过度关注，而量刑问题则相对被忽视。这导致量刑事实证明问题未得到应有重视，从而影响刑事庭审的实质化在量刑层面的实现。

在审后阶段，刑事涉案财物的处置成为转型焦点。传统的暴力型犯罪在刑事犯罪中的比重已显著下降，而经济犯罪和网络犯罪等新型犯罪类型逐渐成为主要犯罪形态。随着认罪认罚从宽制度的逐步实施，对被告人在经济犯罪案件中定罪量刑的争议逐渐减少，但对于涉案财物的处理却存在较大的分歧。在司法实践中，对于涉案财物处置存在诸多问题，包括查证不到位、查控随意、保管不规范、移送不顺畅、信息不透明、处置不及时、救济不到位等，这些问题严重损害了当事人的合法权益，并对司法公信力产生了负面影响。

面对以审判为中心的刑事诉讼制度改革与信息化时代的挑战，我国刑事司法无论是从立法角度还是实践方面均要积极应对。然而转型的路径、对证据及证明理论提出的新要求或引发的新问题，成为刑事诉讼转型的关键所在，需从审判前、审判中、审判后的全视角补足学术供给。

本书第一章以"捕诉合一"办案机制为主题，分别从"捕诉合一"办案机制的形成机理、程序功能、证明逻辑等方面对审查逮捕和审查起诉进行分析。优化程序构造、推动机制高效运作是"捕诉合一"办案机制形成的主要原因。然而以规范的结构—功能为视角分析审查逮捕和审查起诉的程序功能，二者在刑事程序整体结构中的功能颇为殊异，对其进行机械整合的"捕诉合一"办案机制，并不符合法律规范为这二者设定的程序功能。而从证明逻辑角度，审查逮捕和审查起诉的证明对象、证明标准，以及所仰赖的证据来源、证据类型存在差异与侧重。将审查逮捕和审查起诉整合在一起的"捕诉合一"办案机制，在证明逻辑层面会产生诸多不融贯之处，从而对整个诉讼程序的运行产生负面的影响。由此，需从捕诉案件一体评查模式、捕诉案管跨部门检察官联席会议机制、捕诉检察人员考核体系三方面建立和完善"捕诉合一"证明机制。

第二章探讨认罪认罚从宽制度改革背景下的定罪事实证明。在认罪认罚案件中证明标准方面，通过反思学界对认罪认罚案件中证明标准的"同一说""区别说"的主张及理由，并对美国辩诉交易制度、德国刑事协商制度的证明标准问题进行比较分析，重塑认罪认罚案件证明标准的实践理解。在自愿性保障机制方面，首先，从认罪认罚的自愿性所界定的范围、自愿性本身的含义两个层面解构自愿性内涵；其次，就审查标准而言，可采用客观事实和结果导向推定的方式来判断是否满足自由意志下的自愿性和明智条件下的自愿性要求；最后，从允许辩护律师的独立辩护、证据开示制度的有效落实、实质化的庭审审查等方面完善自愿性保障机制。在庭审证据调查规则方面，认罪认罚案件中庭审审查包含认罪认罚自愿性、认罪认罚真实性、量刑建议正当性等内容；认罪认罚案件庭审程序上相较于普通案件具有特殊性，应对是否设立审前独立的认罪认罚案件自愿性审查程序、如何对认罪认罚案件进行繁简分流的问题进行回应；在庭审方法上，应当设立开放型问题，形成主动审查，庭审中可设置常见问题，对于较为复杂的认罪认罚案件，可结合其他证据来对被追诉人进行调查。在错案风险防范措施方面，针对追诉对象错误型、事实认定错误型、法律适用错误型等错案发生原因，可从取消对检察机关认罪认罚案件适用率的考核、提高法院对认罪认罚案件证据审查的主观意识和专业能力、完善认罪认罚案件的辩护制度三个角度制定错案风险防控措施。

第三章以欧洲两大法系庭审信息处理为视角，从历史嬗变与发展动因的角度对庭审实质化视野下的证人调查模式转型进行研究。从法官或陪审员等事实认定者判决所依赖的信息视角分析，对作为庭审中重要的信息来源的证人的不同处理方式形塑了两大法系迥异的刑事审判模式与证人调查方式。神明裁判式微后，普通法系的庭审证人调查变迁呈现允许私人知识直接作为判决基础、证人成为庭审独立的信息来源并出现公共化要求、以验证证人等人证来源信息为中心的庭审调查特质形成的三个阶段，奠定了英美法系集中及对抗性的庭审证人调查模式。而大陆法系则坚持严格区分公共知悉与个人知悉，对证人作证所提供的私人知识内容进行限定，并配合纠问制将卷宗作为证人私人知识公共化主要途径。新职权主义虽然通过直接言词原则避免通过卷宗干扰法官进行事实认定，但在法官与证人关系等方面受到大陆法系传统的影响。通过域外经验对照与借鉴，我国庭审证人调查存在控方卷证信息的优势地位、辩方查证机会与能力缺失、对法官的证人调查方式方法未进行适当要求等现状。为实现实质化的证人调查模式转型，在证人出庭方面需赋予被告程序启动权；在证人质证层面应推动权利型质证构建；在法官与证据关系方面应引入直接言词原则，以强化二者间的关系。

第四章以在线审判为中心探讨审判方式转型带来的证明难题及其应对方案。目前我国刑事在线审判围绕《人民法院在线诉讼规则》展开，以专案专办为发展方向。刑事在线审判虽与直接言词原则存在冲突，但是可从实体法庭的庄严感、法庭证据的真实性两方面完善，通过完善具体的场景布置和人员设置、对网络延迟问题采取保障措施等方面进行弥补。在质证方面，刑事在线审判中的证据出示与传统示证都趋向采用多媒体示证而呈现汇流的态势，但是，在线质证规则不完善、远程审判技术存在人为作假的空间、对原件原物的认定问题是在线质证的隐患，一旦通过在线审判方式无法达到质证效果时，应果断地转换为传统庭审方式。在证人出庭方面，证人在线出庭具有经济可行性，需完善身份认证规则、如实作证规则、禁止旁听与惩戒规则等举措规范证人在线出庭。在宏观层面，基于对刑事诉讼在线审判规则的整体环境考察，应从独立立法和统一平台、保障诉讼基本权利、重新确定刑事在线审判的适用范围等方面到后勤支持、信息留存等方面对刑事诉讼在线审判规则进行整合型改造。

第五章关注刑事推定的适用问题及改革进路，阐明刑事推定在理论和实践中都存在的正当理由。由于当下中国的客观化证据生成机制薄弱与国家犯罪控制目的实现之间的矛盾，推定被认为是解决证明困难的技术方法之一。而学界现有研究多基于权力滥用的危险等原因，普遍对刑事推定抱着一种"慎用"的态度。从刑事推定的本体进行深入考察，从本质上来说刑事推定是一个事实认知过程，从这个角度上来讲与一般的诉讼证明过程别无二致，在"自由心证"体系中刑事推定并不起降低证明标准的效果，也不存在所谓的"证明责任的转移"。从适当的刑事诉讼的价值论角度出发，虽然刑事推定基于其本身的技术性特征与"自由"这一价值有所冲突，也不符合人权保障的法治话语，但是它却符合现代社会对秩序的基本需求，符合证据生成机制尚且不发达的中国社会国情。就刑事推定的范围界定而言，"法律推定"实际上是一个法律适用过程而不是事实认定过程，其不属于推定的范畴。为了缓解客观证明模式的刑事证明话语与情理推断模式之实践的紧张状态，有必要在刑事诉讼中将包括刑事推定等情理推断的技术方法的合法地位确定下来。从宏观角度上讲，需消解刑事推定的（话语）合法性危机，使当前的刑事证明模式合理化。从微观角度上讲，需从技术上消解因推断的独特认识论进路所带来的司法擅断的危险。

第六章研究庭审实质化背景下的量刑事实证明问题。量刑事实即量刑所依据的事实,从"量刑事实与定罪事实之间的关系"可分为与定罪事实相关的量刑事实、与定罪事实无关的量刑事实,从"对被告人是否有利"角度分为"罪重量刑事实"和"罪轻量刑事实"。就证明方式而言,应当对"与定罪事实相关的量刑事实以及与定罪事实无关的罪重量刑事实"适用严格证明方式,而对"与定罪事实无关的罪轻量刑事实"适用自由证明方式。就证明责任而言,在量刑程序中,一个有罪之人自然丧失了适用无罪推定原则的前提和基础;检察机关对"与定罪事实相关的量刑事实"和"与定罪事实无关的罪重量刑事实"承担证明责任,被告人对"与定罪事实无关的罪轻量刑事实"承担证明责任。就证明标准而言,应确立多元化的量刑事实证明标准。与定罪事实相关的量刑事实以及与定罪事实无关的罪重量刑事实,应当坚持排除合理怀疑的证明标准。与定罪事实无关的罪轻量刑事实,应当坚持优势证据的证明标准。在当前刑事庭审实质化的背景下,还需从强化量刑信息收集、适用酌定量刑情节,把握好全面考量、禁止重复评价和个别化的原则,被害人对量刑过程的参与等方面完善量刑事实的证明问题。

第七章从刑事涉案财物的裁判情况反向入手,通过对裁判情况的实证研究挖掘涉案财物处置结果存在的问题,从而提出对涉案财物处置程序规则的改进建议。首先,从立法及实践现状诊断刑事涉案财物裁判问题及成因。其次,以涉黑犯罪案件为视角解析刑事涉案财物证明的疑难,实践难点包括刑事涉案财物认定范围与证明的证据要求,为此对于刑事涉案财物处置应建立统一的处理规则、严格适用法定证明标准、合理有限地适用刑事推定。最后,从内涵、必要性、可行性层次论证设定相对独立性刑事涉案财物处置程序的合理性并构建相应规则,如审查起诉阶段检察机关审查涉案财物的内容,就涉案财物处置作出公诉意见;审判阶段设立涉案财物独立性调查程序规则与涉案财物处置裁判规则。

第一章　捕诉合一的程序功能及证明逻辑

检察机关的机构和职能改革是当前司法改革话语与实践的重要内容。而包含一揽子措施的检察改革从本质上来讲，其实是检察权由相对分散迈向相对整合的过程，经过多年地方性实践与学术宣扬的"捕诉合一"办案机制即是明证。在笔者看来，与其说该机制是"当前检察工作实践"形塑的结果，还不如说是"审判中心主义"背景下的检察制度改革。在流行政法话语塑造语境下，这项新机制具有其合理性。例如，大多数研究该制度的学者都指出，捕诉合一办案机制不仅仅有充分的法理依据，更是深化检察改革的必要举措[①]。就前者而言，有学者援引了《中华人民共和国宪法》《中华人民共和国人民检察院组织法》的规定，认为审查逮捕权和审查起诉权虽然分属检察权的不同权力职能，但并未规定必须由不同的部门行使，故此，捕诉合一并不违反现行法的规定[②]。同时，有学者还指出，根据《中华人民共和国刑事诉讼法》（以下简称《刑事诉讼法》）的规定，逮捕属于"总则编"的强制措施，而并非和提起公诉等属于独立的程序阶段，因此，没有必要将二者截然分离。另外，还有学者认为《刑事诉讼法》中的"分工负责、互相配合、互相制约"原则为捕诉合一办案机制提供了坚实的法律基础。就后者而言，大多数学者列举出了检察机关在审查逮捕和审查起诉工作中的一些具体问题。例如，捕诉程序阻断，分管捕诉职能的不同部门间缺乏沟通，导致办案质量低下；审查逮捕和审查起诉对案件事实与证据的审查具有高度的趋同性，捕诉分离导致办案程序重复、诉讼效率低下等。而捕诉合一办案机制，正是可以解决司法实践中上述问题的一套既有

[①] 许永俊、王宏伟：《捕诉合一办案机制研究》，《国家检察官学院学报》，2001年第1期，第102~104页。

[②] 谢维：《检察机关捕诉一体化工作机制的创新研究》，《广西师范学院学报（哲学社会科学版）》，2011年第S2期，第81~82页。

法理正当性又具备现实合理性的有效办法①。

学者们在研究该制度的合理性的时候，虽然对该机制的话语与实践有所把握（当然这种把握也难称细致和准确），但并未能将捕诉合一作为一项刑事程序机制放在更恰当的规范性立场上加以评价。因此，上述研究结论主要肯定其理论和实践价值，却忽视了审查逮捕程序与审查起诉程序在（规范的）功能层面的区别和（规范的）证明逻辑层面的差异。看似具有充分话语与实践合理性的捕诉合一办案机制，实则面临难以经受程序规范检验的现状。

当然，也有学者在其研究中指出了捕诉合一办案机制的缺陷，部分观点认为，审查逮捕权本应是一种中立性质的裁决权，实践中其却在检察机关内部考核制度作用下异化为"类公诉权"，因此，捕诉合一办案机制本身就建立在一种"问题化"的制度基础上②。还有人认为，逮捕作为一种长期性限制人身自由的强制措施，其审查决定应当由一个中立的司法机关行使而不能与控诉机关相混淆③。应当说，这些学者在当前捕诉合一办案机制热捧的态势下，仍然对其进行了冷静的反思，其学术态度值得肯定。另外，其对审查逮捕权与审查起诉权在本体论意义上的区分也是十分准确的。但是，其未对该机制的形成机理进行深入思考，也未对其规范功能进行细致梳理，导致对捕诉合一办案机制的反思仍然显得不够深入和准确。

第一节 捕诉合一办案机制的形成机理

检察权因其"法律监督权"的性质而具有复合性的特征，其包括部分职务犯罪侦查、侦查监督（立案监督、审查逮捕）、审查起诉、审判监督、执行监督五项核心权能和控告申诉、犯罪预防两项辅助权能，几乎贯穿整个刑事诉讼过程。因此，传统检察权的配置运行方式也是相对分散的，每项权能几乎由不同的内部机构行使。但是，随着司法改革的推进，检察机关的机构职能整合几乎成为检察改革地方试点的"主旋律"。其中，被公认为检察机关最重要的两项权能——审查逮捕和审查起诉，也在改革潮流中迈向整合，捕诉合一办案机

---

① 石凯：《"侦、技、捕、诉"一体化工作机制的理论与实践》，《中国检察官》，2006年第8期，第18页。
② 汪海燕：《检察机关审查逮捕权异化与消解》，《政法论坛》，2014年第6期，第81页。
③ 龙宗智：《检察官办案责任制相关问题研究》，《中国法学》，2015年第1期，第98页。

制由此产生。虽然学者和实务界纷纷撰文论证其可行性和必要性，但正如前文指出的那样，这些分析大多因其价值偏向而未见细致与准确。要全面把握捕诉合一办案机制的形成机理，研究其可行性与必要性是学术研究的一方面；另一方面，需要像马克斯·韦伯那样，虽然抱有强烈的价值关怀，但是在进行"事实探知"过程中还是应当保持"立场中立"。正如朱苏力所说："制度在发生学上的伟大意义往往是后人回头展望之际构建起来的，在后来者的总体历史观的观照下和理性塑造下才带上了神圣的光环；而这种光环常常使得我们不能或不敢以一种经验性的求知态度来'凝视'（福柯语）它和凝视我们自己。"[①] 捕诉合一办案机制作为研究对象的正当性，并非部分学者所认为的"自然正当"，而是在研究过程中不断发酵、升华，逐步形塑为一种具有建构理性的制度。因此，在对捕诉合一办案机制进行探析之前，有必要对其"发生学的本源"进行一次精细的"知识考古"。

捕诉合一办案机制的形成原因是多方面的，其中优化程序构造、推动机制高效运作的改革目的，在其形成过程中的作用是首位的。同时，如果放在时间维度加以审视，检察机关所面临的诸如审查逮捕和审查起诉之间的程序区隔，以及由此所引发的分管捕诉职能的不同部门间缺乏沟通，导致办案质量低下、办案程序重复、诉讼效率低下等问题，也是推动捕诉合一改革的实践基础。但上述实践问题其实自刑事诉讼程序构建伊始就一直存在，何以在近年来才不断被"问题化"？而且在捕诉一体化办案机制得到提倡的同时，以对抗制改革为基本表征的"审判中心主义"话语，也在我国刑事诉讼领域勃然而兴。故此，在笔者看来，检察机关履行捕诉职能过程中面临的"实践问题"很可能是捕诉合一办案机制倡行者为证明该机制存在之必要性，所刻意形塑出的"话语意象"，但实际上这种机制是否是应对上述问题的"良药"，远非学者或是实务部门的理论演绎及经验感知所能论证的，必须通过更深入的实证研究加以证实。而通过"话语分析"来阐明"审判中心主义"在捕诉合一办案机制形成过程中的作用，则是本书力图解决的一个基本问题。

有学者说："建立捕诉合一制度可以提高审查起诉调控、引导侦查的能力，加强对侦查活动的监督，保证案件质量，提高侦查效率、明确责任，有利于发挥现行主诉检察官制度的优势，使现行刑事追诉机制更加符合司法规律。最终

[①] 朱苏力：《制度是如何形成的？——关于马歇尔诉麦迪逊案的故事》，《比较法研究》，1998年第1期，第70页。

为建立审判中立、控辩平衡的诉讼构造奠定基础。"① 由此可以看出,捕诉合一办案机制的目标,在于对连接侦审两端的捕诉环节进行结构调整,从而实现整体的诉讼构造优化。在笔者看来,这与近年来发轫于学术界而最终为决策层所认可的"审判中心主义"话语不无关联。最早研究"审判中心主义"的程序意涵的学者指出:"(审判中心主义的含义之一)是在整个刑事程序中,审判程序是中心,只有在审判阶段才能最终决定特定被告人的刑事责任问题。侦查、起诉、预审等程序中主管机关对于犯罪嫌疑人罪责的认定仅具有程序内的意义,对外不产生有罪的法律效果。"② 换言之,与"侦查中心主义"中侦查程序所形成的程序结果通过审查起诉程序的"传递",从而基本决定审判的实体结果有所不同,侦查、审查起诉等审前程序都应当围绕审判程序展开,为达成审判的目的而服务。因此,侦控机关必然会根据在审判程序中所欲达到的实体结果而在侦查及审查起诉等审前程序中"做足功课"。在大多数大陆法系和英美法系国家里,"审判中心主义"所产生的最大一个程序性影响就是在审前阶段,凡涉及基本权的干预处分,必然贯彻法官保留原则,即由法官依法决定是否对犯罪嫌疑人、被告人及其他诉讼相关人(如证人等)的基本权利(身体权和财产权等)进行临时性处分而不得委托其他机关或个人③。在笔者看来,这是审判权直接控制审前程序的一种模式。同时,大部分强制措施的适用(类同前述干预处分)也由侦查机关自行决定。在这种语境下引入"审判中心主义"所产生的一个结果是:原本较为分散的审前权力(侦查权、审查逮捕权、审查起诉权等)会"自主"地迈向相对整合,以全力"应对"审判程序的检验。这可以看作审判权间接影响审前程序的一种模式。在这种模式中,审前权力的重新整合将导致受其支配的程序结构发生深刻的变迁。在审前阶段的诸多程序中,审查逮捕由于其特殊的性质,成为"审判中心主义"引发的程序结构变迁的重要环节。在我国的《刑事诉讼法》所规定的六种刑事强制措施中,只有"逮捕"的审查和执行主体实现了彻底分离④。换言之,审查逮捕权同提起公诉权一起,统摄于检察权之中,由检察机关行使,而执行逮捕的权力,则由公安机关执行(包括其他行使与公安机关相类似的侦查职能的机关,如国家安全机关)。因此,"逮捕"这种刑事强制措施的适用也客观上成为连接侦控程序的

---

① 许永俊、王宏伟:《捕诉合一办案机制研究》,《国家检察官学院学报》,2001年第1期,第101页。
② 孙长永:《审判中心主义及其对刑事程序的影响》,《现代法学》,1999年第4期,第93页。
③ 林钰雄:《干预处分与刑事证据》,北京大学出版社,2010年,第204页。
④ 左卫民:《指定监视居住的制度性思考》,《法商研究》,2012年第3期,第37页。

纽带，同时也为审前权力的相对整合提供了可能。在"审判中心主义"导致的程序变迁过程中，审判对程序、实体、事实与证据的严格要求，会导致审查起诉程序的运行标准趋近于审判的标准。同理，审查起诉程序运行的高标化同样也会"波及"侦查程序。因此，审查起诉程序势必由同一机关行使的审查逮捕权对侦查程序施加影响，同样迈向高标化的运作。审查逮捕基于其独特的"通道效应"，被整合到审查起诉程序中，成为审判（间接）影响侦查的手段，因此，捕诉合一办案机制才得以形成。

第二节　捕诉合一办案机制的程序功能分析

以帕森斯为首的结构—功能主义者认为，对于系统的整合，处在相应地位的子单位就会担负相应的功能[①]。换言之，在同一系统中，如果不同的子单位在系统中所处的地位具有等价性，那么它们在系统中所发挥的功能也具有同质性。因此，在这种情况下，上述不同的子单位可以自由地实现置换、整合、分离而不致使系统的整体功能失衡、紊乱。按照这种理论进路，如果能够证明检察机关（在法律规范层面）所负担的审查逮捕职能和审查起诉职能，在刑事诉讼过程中具有等价性和同质性，那么捕诉合一办案机制则是经得起规范检验的。因此，有必要从规范立场出发，审视检察机关所行使的这两项权能在整体刑事程序中的结构与功能。

就逮捕强制措施本身而言，我国《刑事诉讼法》第八十一条规定："对有证据证明有犯罪事实，可能判处徒刑以上刑罚的犯罪嫌疑人、被告人，采取取保候审尚不足以防止发生下列社会危险性的，应当予以逮捕：（一）可能实施新的犯罪的；（二）有危害国家安全、公共安全或者社会秩序的现实危险的；（三）可能毁灭、伪造证据，干扰证人作证或者串供的；（四）可能对被害人、举报人、控告人实施打击报复的；（五）企图自杀或者逃跑的。……对有证据证明有犯罪事实，可能判处十年有期徒刑以上刑罚的，或者有证据证明有犯罪事实，可能判处徒刑以上刑罚，曾经故意犯罪或者身份不明的，应当予以逮捕。被取保候审、监视居住的犯罪嫌疑人、被告人违反取保候审、监视居住规定，情节严重的，可以予以逮捕。"

[①] 范伟达、朱洪生：《多元化的社会学理论》，辽宁人民出版社，1989年，第77页。

从该条文的表述来看,第一款主文尤其强调逮捕适用的措施的重要目的是"防止发生社会危险性",该条的(一)(二)项将"社会危险性"用"新的犯罪""现实危险"及(三)(四)(五)项中三种妨害诉讼程序推进的行为加以具体化。该条第二款和第三款是"推定条款"。因为基于惯习的考虑,具有该条款所叙之情形的犯罪嫌疑人和被告人,极有可能实施第一款中各项具有"社会危险性"的行为,基于该条款所叙之情形与"社会危险性"之间的常态联系,推定上述情形具有"社会危险性"。因此,在笔者看来,逮捕这一强制措施的基本功能是为了"防范现实危险",预防发生新的犯罪并推进诉讼程序的顺利运行。另外,对于前述有学者提出"逮捕属于'总则编'的强制措施,而并非和提起公诉等属于独立的程序阶段"的说法,笔者认为,其一,所谓"程序"不仅包含《刑事诉讼法》分则中所列举的诸项诉讼阶段,只要是在特定时间维度(期间)下展开的,有助于实体判决形成"行动过程",都可以理解为诉讼程序。其二,从侦查开始,到判决生效(包括原审判决生效和再审判决生效),在一个单一的"诉"中,强制措施作为一种保障诉讼顺利推进的有力手段贯穿始终,与诉讼程序的整体运行息息相关,"附着"在整体程序中,"为程序而生,寓于程序中"的强制措施,自然也具备程序性特征。因此,强制措施虽无程序之名,但具有程序之实。

值得注意的是,就检察机关审查逮捕而言,《刑事诉讼法》第九十五条规定:"犯罪嫌疑人、被告人被逮捕后,人民检察院仍应当对羁押的必要性进行审查。对不需要继续羁押的,应当建议予以释放或者变更强制措施。有关机关应当在十日以内将处理情况通知人民检察院。"这就表明,检察机关在批准逮捕犯罪嫌疑人、被告人后,仍然需要依据被逮捕人的实时情况对其"现实的社会危险性"进行动态化的评估和审查。通过该条文的表述,我们可以更加明确:检察机关审查逮捕(包括跟进性的羁押必要性审查),所考虑的首要问题是"社会危险性"。因为就"社会危险性"而言,每个被逮捕人的个体差异十分明显。故此,检察机关需要评价的时机是即时性和动态性的,即被逮捕人当时、现实的情况,评价的内容也是预防性的,即是否有再犯罪的危险和阻碍诉讼程序的顺利推进。最新出台的《人民检察院办理羁押必要性审查案件规定(试行)》对执行逮捕后四类情形不需要羁押,十二类人在符合必备条件后不需要羁押。其中前者是案件实体情形发生重大变更,导致本文前述之"推定条款"无法适用,故此不需要羁押;后者则主要是基于外部政策性原因的考量,例如"未成年人或者年满七十五周岁的人""与被害方依法自愿达成和解协议,且已经履行或者提供担保的",但仍以其必备条件即"社会危险性"为限。

总之，无论是逮捕强制措施本身的适用，还是检察机关对该措施适用的审查，其基本功能都是进行"危险防范"——防止再犯罪和阻碍程序推进。如果捕诉合一办案机制具有充分的理论规范适恰性，就必须论证"审查起诉"也是以"危险防范"为基本制度目标。

就审查起诉而言，我国《刑事诉讼法》第一百七十一条规定："人民检察院审查案件的时候，必须查明：（一）犯罪事实、情节是否清楚，证据是否确实、充分，犯罪性质和罪名的认定是否正确；（二）有无遗漏罪行和其他应当追究刑事责任的人；（三）是否属于不应追究刑事责任的；（四）有无附带民事诉讼；（五）侦查活动是否合法。"在该条文中，我们可以看到，第（一）（二）（三）项分别是对案件的实体要件进行审查，涉及案件的犯罪事实、证据、性质与罪名、关联性犯罪以及除外条件，第（四）（五）项则是对案件的程序性要件进行审查，包括附带民事诉讼和侦查程序的合法性。《人民检察院刑事诉讼规则》第三百六十三条对上述五项规定加以具体化，包括犯罪嫌疑人的身份信息、犯罪实体要件的各个情节、各项证据的有关情况等。另外，第三百六十四至第三百八十九条则针对审查起诉过程中所出现的情况设定了不同的运作程序，例如补充鉴定、补充侦查、讯问犯罪嫌疑人等。从审查起诉的诸项内容可以获知，该程序的功能主要有二：一是实体功能，即对案件的实体要件、证据要件进行审查、补强和巩固，以便在审判程序中形成对控方有利的判决。二是程序功能，即重点对此前的侦查程序进行审查，以促成后期的审判程序顺利推进。值得注意的是，在审查起诉程序中对侦查活动进行审查，其目的不在于对侦查活动进行监督，从而保障犯罪嫌疑人的人权，这里的审查，重点在于过滤掉侦查活动中的证据和程序瑕疵，从而更好地实现诉讼目标。根据上述分析，可以将审查起诉的功能概括为实体审查和程序推进两大功能。就实体审查而言，检察机关所针对的是犯罪事实和证据本身，是犯罪当时的情况，一般而言，就是对过往事实的认知与审查。就认识形态而言，实体审查的方式是回溯性的，是"追求最佳解释"的过程。就程序推进而言，其对侦查程序的审查方式也是如此，但就其内容而言，针对的不是犯罪事实本身，而是前期的侦查行为。

通过对审查逮捕和审查起诉的规范分析，可以明确二者在刑事程序整体结构中的功能是颇为殊异的。就前者而言，其主要担负的是"危险防范"功能，包括"实体的危险"（再犯罪）和"程序的危险"（阻碍程序运行）；就后者而言，其主要功能是"实体审查"和"程序推进"，这两项功能的最终目标都是有利于控方的判决的形成。由于这两种程序之间殊异的功能，检察机关在进行程序运作时的方式与内容也有所不同。其中，在审查逮捕过程中，主要是对犯罪嫌疑人、被告人的"社会危险性"进行动态即时性的事中审查。而在审查起诉时，检察机关则主要是通过阅卷、讯问等方式对（过往的）案件事实和程序性事实进行事后审查。

通过上述基于规范的结构—功能分析，我们可以发现，检察机关的两项主要职能（审查批捕和审查起诉）是迥然不同的。因此，将二者进行机械整合的捕诉合一办案机制，并不符合法律规范为这二者设定的程序功能。

第三节　捕诉合一办案机制的证明逻辑反思

有学者指出："诉讼主要与证明有关，从证明方法的类型及其合理性来解释和评价程序的制度与实践，应该是刑事程序法律比较的一个不可或缺、但未受足够重视的重要视角。"① 就目前的诉讼法研究而言，存在程序制度与证据理论截然分离的问题。因此，程序研究因为缺乏证据理论的观照而流于空洞，证据理论的研究又由于程序意识的阙如而失真。鉴于此，笔者认为，在对捕诉合一办案机制进行程序评价的基础上，有必要对其证明逻辑进行深入阐释。

首先，就证明对象而言，审查逮捕和审查起诉二者之间有所差异。长期以来，中外证据法学者都偏重对证据和证明过程的研究，而并未认真对待证明对象（或称待证事实），唯一与之较有关联的学说就是罗森贝克所提倡的"证明责任规范说"。罗森贝克在该学说中主张根据规范性质的区分来划分证明责任。换言之，证明活动应当针对规范的要求而展开。虽然罗森贝克的学说的基本论域在民事诉讼中，其所谓"规范"也指的是实体法规范，但是他所主张的基本理念，即应当根据规范来确定证明对象的理念仍然值得我们重视。在对审查逮捕和审查起诉程序进行规范分析时，我们分别检视了《刑事诉讼法》第八十一条、第九十五条和第一百七十一条的规定，从中不难发现，就逮捕强制措施的适用而言，一个总括性的证明对象是"社会危险性"。具体来看，其包含实施新的犯罪的行为或是预备行为、倾向性行为；危害国家安全、公共安全或者社会秩序的行为或是预备行为、倾向性行为；毁灭、伪造证据，干扰证人作证或者串供的行为或是预备行为、倾向性行为，以及"推定条款"中所包含的证明

---

① 周洪波：《比较法视野中的刑事证明方法与程序》，《法学家》，2010年第5期，第30页。

对象。因此，审查逮捕之时应当针对程序法所规定的上述行为展开证明。就审查起诉而言，根据《刑事诉讼法》第一百七十一条及《人民检察院刑事诉讼规则》的相关规定，主要可分为程序性证明对象和实体性证明对象两种类型（这正好与审查起诉的制度性功能相吻合）。就前者而言，主要是侦查程序的合法性（如是否存在刑讯逼供等非法取证行为，物证保管链条是否合法、讯问程序是否合法、搜查等取证行为是否有见证人在场、鉴定人是否符合资质，以及程序是否合法等）和是否存在附带民事诉讼。就后者而言，则是刑事实体法所划定的证明对象，包括犯罪构成诸要件要素、关联的漏罪和犯罪嫌疑人等。通过上述对照检视，我们可以看出，就审查逮捕而言，其证明对象主要是犯罪嫌疑人、被告人事中行为和事前行为，相对而言，其具有显在性和即时性，相对容易证明；就审查起诉而言，其主要的证明对象是犯罪嫌疑人的事后行为，其一般具有时间上的过往性和空间上的隐蔽性，因而证明难度较大。因此，在捕诉合一办案机制中，很可能混淆审查批捕和审查起诉的证明对象，将具有不同证明难度的待证事实统而待之，从而在证明方法的选择上也造成混乱，最终导致证明无效。

其次，就证明标准而言，审查逮捕和审查起诉二者之间也有不同。规范功能的差异同样导致这二者证明标准的不同。就以"危险防范"为主的审查逮捕而言，其证明标准是一种可称为"可能性"的标准，即一旦有证据表明犯罪嫌疑人、被告人的行为可能触发社会危险，则可以启动逮捕措施的适用。同样就其规范性规定而言，《刑事诉讼法》第八十一条第一款第（一）（三）（四）项明确采用了"可能"的词语表述，第（二）（五）项则分别采用"现实危险性"和"企图"的表述，其同样包含"可能"这一不确定性含义。另外，从体系解释角度而言，上述五项条件是并列关系，不存在逻辑上的先后轻重，在审查过程中应当进行逐一认定。因此其证据标准应当是一样的，都应当统摄于"可能性"标准之下。就审查起诉而言，一方面从规范层面而言，《刑事诉讼法》第一百七十一条第（一）项规定的"事实清楚，证据确实充分"与审判的证明标准别无二致。另一方面，无论是在"审判中心主义"下审查起诉围绕审判而展开，还是在"侦查中心主义"下审查起诉对审判的"传递效应"，都会使得审查起诉和审判的证明标准趋同。就"审判中心主义"而言，为保证实体判决的顺利形成，控方同样会依据审判的标准审查证据。因此，就实践层面而言，审查起诉的标准也应当是"事实清楚，证据确实充分"。就"侦查中心主义"而言，由于审查起诉和审判都沿用了侦查阶段所形成的证据体系，二者的证明标准也无多大差异。因此，就捕诉合一办案机制而言，其所统合的两种程序在证明标准层面也存在近乎不可调和的差异。如果将其推而广之，这一"新程序"的证明标准如何定位，将是一个无解的难题。

最后，审查逮捕和审查起诉所依赖的证据来源、证据类型也各有侧重。就审查逮捕而言，因其审查对象的即时性、外显性，乃至其证明标准的低标准化，检察机关在确定是否适用该强制措施时，大多依靠面对面的讯问乃至对犯罪嫌疑人、被告人的"察言观色"所获得的"动态即时性证据"来判断和评估其社会危险性。这种"动态即时性证据"对案件的待证事实来讲是一种"辅助证据"。因此可以说，对逮捕适用的审查，主要还是依据"辅助证据"进行的一种"情理推断"。但是，就审查起诉而言，由于其针对的是过往案件事实，在审查起诉之前的侦查阶段，侦查机关已经将主要的证据通过案卷的形式加以固定。实践中虽然也强调检察机关对证据的主动收集与实质审查，但由于工作惯习和诉讼效率，检察机关无法做到对大部分案件证据的收集和审查。因此，检察机关在审查起诉阶段的证据审查主要还是依靠阅卷进行的。另外，由于该程序的证明标准较高，且"辅助证据"未取得规范上的合法性，因此，其依赖的证据类型仍然是传统的与本案事实有直接生成关系的"实质证据"。

总之，审查逮捕和审查起诉在证明对象、证明标准乃至证据来源、证据类型的差异，也使得将二者整合在一起的捕诉合一办案机制，在证明逻辑层面产生诸多不融贯之处，从而对整个诉讼程序的运行产生负面影响。

第四节　捕诉合一证明机制的完善

捕诉合一办案机制作为检察改革地方性试点，其实践合理性是不证自明的，其所依托的机构整合和办案模式也有望被最新的法律规范确认。但作为与诉讼程序密切关联的一种工作机制，从学术研究角度仍然需要审思它与既有规范之间的融合性。主要完善建议如下：一是建立捕诉案件一体评查模式。"捕诉一体"改革后案件管理部门对案件评查的模式也要相应转变，树立"捕诉一体"评查理念，对捕诉案件一体化评查。重点紧盯存疑不捕案件、捕后相对不诉案件、捕后存疑不诉案件、捕后轻刑案件等进行评查。同时，还要通过类案评查、专项评查等方式，反向审视捕诉理念是否科学，捕诉衔接机制、捕诉配套机制是否健全，为推进"捕诉一体"工作提供参考。二是建立捕诉案管跨部门检察官联席会议机制。案管部门在加强"捕诉一体"监督管理的同时，也要加强对"捕诉一体"的参谋服务。捕诉部门召开检察官联席会议时，可邀请案管、研究室部门检察官列席，综合业务部门检察官可运用案件评查、流程监控、业务分析、检委会案件实体审查，以及统筹人民监督员、检察听证、检察建议等监督管理和参谋服务经验，从全面案件质量观对案件质量提出参考性意见，提前对案件质量"把脉"，预防各类司法瑕疵问题，消除日后评查"病灶"隐患，确保案件质量经得起评查检验。三是完善捕诉检察人员考核体系。充分发挥检察人员考核作用，由省级检察机关统筹制定本省各级检察院检察人员考核办法，将"求极致"和全面案件质量观融入捕诉检察人员考核，科学设置评分规则，不能违背诉讼规律对指标设置"一刀切"。通过强有力的检察人员考核机制，促进检察官担当作为、尽责尽职，促进司法公正和司法政策的贯彻落实。

第二章　认罪认罚从宽制度改革背景下的定罪事实证明新探

第一节　认罪认罚案件中证明标准的反思与重塑

认罪认罚从宽制度是中国特色社会主义刑事司法制度的重大创新,丰富了刑事司法与犯罪治理的"中国方案",全国检察机关也在持续依法深化适用认罪认罚从宽制度,不断提升适用质效,2023年认罪认罚适用率已经高达90.3%[①]。当前,我国认罪认罚从宽制度中检察机关主导地位凸显,实践中控方滥用权力威胁、引诱、欺骗被追诉人选择认罪认罚的可能性极大增加[②]。因此,如何有效保障认罪认罚从宽制度的正确推进成为亟待解决的课题,而证明标准的有效把握是刑事案件准确裁判的关键。无论是认罪认罚从宽制度正式确立之前,还是认罪认罚从宽制度运行较为成熟的现阶段,理论学界与实务界对于认罪认罚案件适用的证明标准问题一直都是热议不断,最高人民法院、最高人民检察院、公安部、国家安全部、司法部出台《关于适用认罪认罚从宽制度的指导意见》,规定认罪认罚案件应当"坚持法定证明标准",但是,鉴于证明标准的尺度把握对于认罪认罚从宽制度运行效果有着关键性作用,所以针对证明标准问题仍然受到关注与讨论。

---

① 最高人民检察院:《刑事检察工作白皮书(2023)》。
② 李艳飞:《认罪认罚程序的中国模式:"起诉中心主义"》,《海南大学学报(人文社会科学版)》,2023年第2期,第149页。

一、认罪认罚案件证明标准的理论争鸣

学者关于证明标准的讨论大致分为两类：一类是同一说，即主张所有刑事案件均采取同一的证明标准（事实清楚，证据确实、充分），对于认罪认罚案件不主张降低证明标准。另一类是区别说，即认罪认罚案件因其具有特殊性，主张降低证明标准，但具体如何降低证明标准则众说纷纭，比较有代表性的三种观点认为，一是统一对所有认罪认罚案件的定罪量刑认定都降低证明标准，二是对认罪认罚案件的量刑事实部分降低证明标准，三是对认罪认罚案件证明标准以不同案件类型作为划分标准进行层次化区分。

主张同一说的学者具有代表性的理由如下：其一，坚守法定证明标准是公正司法的内在要求。现代刑法理论普遍主张责任原则，只有当被告人实施了符合刑法规定的危害行为、依法应当是受到刑罚处罚，并且被告人对其行为负有责任时，国家才能以刑罚手段予以制裁。而责任原则的基础是真实发现，只有诚实地努力揭示案件事实真相，国家对个人的定罪量刑才能取得应有的正当性[1]。其二，鉴于目前我国法律规定背景下，犯罪嫌疑人负有如实供述的义务，但又缺乏对具体事实指控和证据的告知，同时认罪认罚过程中辩护律师的法律帮助得不到保障，犯罪嫌疑人、被告人认罪认罚的自愿性很难得到保证，法定证明标准几乎成为无罪的人不受错误刑事追究，有罪的人受到公正惩罚的唯一有效保障。一旦法定证明标准被降低，一些证据不足的案件就可能因控辩协商一致而最终被判有罪，由此也会对审查起诉和侦查取证产生连锁影响，从而对证据收集、固定、保全、审查的全面性和客观性形成冲击[2]。其三，从实质效果上保障司法效率。虽然认罪认罚从宽制度的运行是以控辩双方达成合意为基础，但我国刑事判决却始终以确实充分的犯罪事实为基础，并且被告人始终享有上诉、申诉的权利，如果认罪认罚案件降低证明标准，一旦被告人上诉或申诉，经过审理发现案件存在认定错误，反而会容易造成诉讼成本的增加。

主张降低证明标准的理由：控辩协商程序的引入，法院的判决不是基于案件本身，而是控辩合意与被告人认罪认罚的自愿性。只要确保控辩双方达成合意的犯罪事实清楚，并有相应证据支持即可。因而认罪认罚案件放宽证据证明标准势在必行，否则被告人认罪认罚对审理过程的简化意义不大。司法实践

---

[1] 孙长永：《认罪认罚案件的证明标准》，《法学研究》，2018年第1期，第181页。
[2] 孙长永：《认罪认罚案件的证明标准》，《法学研究》，2018年第1期，第182页。

中，实务部门往往更愿意主张降低证明标准，因为法庭审判的定罪标准传导至审前程序，可以放宽侦查终结、提起公诉的证据标准，进而纾解侦查取证、证据审查层面的办案压力：一方面原先属于证据不足的部分案件，可能通过认罪认罚从宽的方式得到处理，有助于解决证明困难的"难办"案件；另一方面，当下部分司法办案人员担忧程序简化造成司法错误而被追责，降低证明标准则能部分程度消解上述情绪[1]。

主张可对量刑事实的证明标准适当降低的理由，主要是基于罪刑法定和罪责刑相适应的原则，控辩双方不能就指控的罪名进行协商或达成协议，更不能为了达成妥协而人为地将重罪改为轻罪，或者人为地减少指控罪名的数量[2]。因此法院对被告人犯罪事实的认定，必须严格遵循法定的证明标准。然而量刑事实的证明存在着不同，认罪认罚从宽制度的推行，检察官与被告人可以就量刑幅度进行必要的协商，检察官可以降低量刑的幅度，这幅度甚至可以达到30％左右[3]。人民法院在审查检察机关对被告人认罪认罚自愿性及明智性的证明结论后，一旦确信被告人有罪，庭审随即进入量刑裁判阶段，此时无论被告人是审前认罪还是认罚的事实基础，都将变为有利于被告人的量刑情节，是判断其人身危险性及社会危害性小的依据。对于这些有利于被告人的量刑情节，根据证明标准层次性理论，检察机关或者被告人都无须将其证明至符合最高标准，至多达到优势证据标准即可[4]。即便是对那些不利于被告人的量刑情节，如主犯、累犯、重犯、教唆犯等，检察官也不需要证明到排除合理怀疑的程度。这种对量刑事实证明标准的降低，既不会破坏无罪推定和实质真实原则，也不会造成冤假错案，而只会使案件得到快速审理，诉讼效率得到提高，司法资源得到合理配置[5]。

主张对认罪认罚案件证明标准进行层次化区分的理由：坚持统一证明标准是历次程序简化改革效果不理想的根本原因，其使认罪认罚从宽制度与司法责任制间的冲突难以调和，抑制了认罪认罚从宽制度正当性基础的转换。具体操作方法是，针对认罪与否、轻重不同、类型不同的案件适用不同的标准，以克

---

[1] 汪海燕：《认罪认罚从宽案件证明标准研究》，《比较法研究》，2018年第5期，第72页。
[2] 陈瑞华：《认罪认罚从宽改革的理论反思——基于刑事速裁程序运行经验的考察》，《当代法学》，2016年第4期，第8页。
[3] 谢澍：《认罪认罚从宽制度中的证明标准——推动程序简化之关键所在》，《东方法学》，2017年第5期，第134页。
[4] 孔令勇：《被告人认罪认罚自愿性的界定及保障——基于"被告人同意理论"的分析》，《法商研究》，2019年第3期，第75页。
[5] 陈瑞华：《认罪认罚从宽制度的若干争议问题》，《中国法学》，2017年第1期，第41页。

服认罪认罚从宽制度实施中程序简化、幕后工作精简与统一证明标准间的内在冲突。针对证据的"确实性",关键证据是案件事实的锚点所在,其确实性得到保障,案件事实整体真实性才有可靠的基点。如认罪案件中口供是关键证据,其真实性应从供述的自愿性与稳定性、讯问录音录像的完整性、与其他证据的印证程度等方面加以审查,裁决者应对其建立确信。对于其他证据可根据案件的严重程度区别对待。对于证据的"充分性",主要是根据案件类型调查对证据完备性和证据量的要求,对于可能判处3年以下有期徒刑刑罚的认罪案件,一般可降低充分性要求,但部分特殊案件应坚守充分性要求,比如"醉驾"案件,顶罪现象突出,不能仅根据口供和酒精检测报告认罪,应有其他证据排除顶罪可能性。对于可能判处3年以上有期徒刑的案件,一般应保持传统的印证要求,但在特殊类型案件中,为避免过分放纵犯罪分子,在被告人认罪时,可考虑适度降低充分性要求,比如证据存在缺陷的陈年旧案[①]。

二、证明标准域外经验参考

美国辩诉交易制度、德国刑事协商制度分别作为英美法系、大陆法系中协商性司法制度的典型,对于我国认罪认罚案件的理论问题研究有着重要参考价值。采他山之石以攻玉,纳百家之长以厚己。下面将对美国辩诉交易制度、德国刑事协商制度的证明标准问题进行比较分析。

在美国的正式审判程序中,案件采取严格证明标准——排除合理怀疑。而一旦被告人在公开法庭上自愿作出有罪答辩,案件即不再需要进行正式审判,可以直接进入量刑程序。严格的证明责任和证明标准以及专用于证实审判的证据规则将不再适用。美国《联邦刑事诉讼规则》第11条规定,在依据有罪答辩作出判决之前,法官必须确定该有罪答辩具有事实基础。所谓的具有事实基础是指有证据证明被告人的确有犯罪的事实,而不是因为控辩交易的优惠条件而做出有罪答辩。然而,实践中法官对事实基础的审查一般来说是从形式上进行的,只要有基本的证据证明被告人有罪,法官就会倾向于认定该证据构成了有罪答辩的事实基础。以被告人的有罪答辩为基础的有罪判决,美国绝大多数联邦法院和州法院都不要求必须达到排除合理怀疑的程度[②]。

---

① 秦宗文:《认罪案件证明标准层次化研究——基于证明标准结构理论的分析》,《当代法学》,2019年第4期,第106页。
② 史立梅:《美国有罪答辩的事实基础制度对我国的启示》,《国家检察官学院学报》,2017年第1期,第37页。

德国刑事协商制度是以其《刑事诉讼法》第257C条规定为核心,其中第一款规定:"法院可以在适当的时候与诉讼参与人就下列条款规定的诉讼进程和诉讼结果达成协议。第244条第2款的规定保持不变。"①德国《刑事诉讼法》第244条第2款规定:"法院为查明真相,应依职权,将证据调查涵盖对裁判具有重要性之所有事实及证据方法。"②德国刑事协商制度中最具有标志性的案例则是2013年3月19日德国联邦宪法法院作出的合宪性判决,明确了德国刑事协商制度的合宪性,同时在判决中强调德国刑事诉讼的中心任务仍然是发现实质真实,这来源于德国刑事诉讼法的罪责原则和人权保障的需要③。因此,无论是立法还是判例,德国均坚持法官的真实发现义务以及相应的职权调查原则,法官有责任为发现实体真实而对被告人有罪供述的真实性进行独立调查和核实,而不能简单地因为被告人在公开法庭上供述了罪行,便直接宣告被告人有罪,因而其证明标准与被告人不认罪案件相比并未降低④。然而德国在刑事协商制度中如此强硬地坚持真实发现义务和高标准的证明标准,在实践中仍有所诟病,认为这样是不切实际的,失去了协商的本来意义。

三、认罪认罚案件证明标准的实践理解

经过理论界的长期争论,最终《关于适用认罪认罚从宽制度的指导意见》"一锤定音",确定"坚持法定证明标准,侦查终结、提起公诉、作出有罪裁判应当做到犯罪事实清楚,证据确实、充分,防止因犯罪嫌疑人、被告人认罪而降低证据要求和证明标准"。笔者对此表示赞同,认为降低证明标准和对量刑事实降低证明标准均不具备正当性。

首先,认罪认罚从宽制度价值中提升诉讼效率是举足轻重的一部分,但其进行简化的是诉讼程序,而非简化实质证明的过程。具言之,如果按照普通刑事案件的庭审程序,公诉人需要对所有与犯罪构成有关的证据进行举证,很多复杂案件卷宗都有几十本。而辩方需要对其出示的证据逐一进行质证。但是,如果是认罪认罚案件,对于被告人认罪无异议的,法庭调查中举证、质证都可

---

① 黄河:《德国刑事诉讼中协商制度浅析》,《环球法律评论》,2010年第1期,第125页。
② 卞建林、谢澍:《职权主义诉讼模式中的认罪认罚从宽——以中德刑事司法理论与实践为线索》,《比较法研究》,2018年第3期,第124页。
③ 李倩:《德国认罪协商制度的历史嬗变和当代发展》,《比较法研究》,2020年第2期,第94页。
④ 孙长永:《认罪认罚案件的证明标准》,《法学研究》,2018年第1期,第176页。

以简化，节省了大量时间。简化并不代表没有证实犯罪的证据，合议庭在审查案件证据时也必须充分审查现有证据是否能够证明犯罪构成。

其次，认罪认罚案件即使不降低证明标准也已经减轻了侦查、公诉、审判机关的办案压力。因为在犯罪嫌疑人、被告人已经认罪的背景下，其对所有犯罪事实如实供述，相当于还原了犯罪经过，从侦查开始就已经可以按图索骥，侦查相关的证据。举个例子，一个故意杀人案件中的犯罪嫌疑人已经认罪，其供述了整个杀人过程，包括案发现场、杀人工具、处理尸体的过程等，公安机关或者检察机关可以根据其供述，去案发现场侦查取得犯罪嫌疑人出现过、杀过人的证据，比如血迹、DNA、打斗痕迹等，还可以去找到杀人工具鉴定犯罪嫌疑人的指纹，到犯罪嫌疑人杀人、处理尸体现场周围去找证人、调取监控等。而上述证据与犯罪嫌疑人的供述相互印证，足以形成完整的证据链，达到法定的证明标准。

再次，办案人员因司法错误而担忧被追责的压力是其应当承担的，而且一定程度上的压力能够促使其更加重视司法公正，不敢造成冤假错案。因此，不能因为办案人员怕被追责就降低证明标准，这就失去了司法责任制建立的初衷，成为纵容办案人员的借口，反而容易造成冤假错案。

最后，实践中很多被告人对构成犯罪是供认不讳、不持异议的，但对量刑往往更加重视，毕竟一年和十年以上有期徒刑对于被告人来说是天差地别的，所以被告人对于量刑事实会更关注，希望法院能够严格审查，避免量刑过重。笔者所办理的一起非法吸收公众存款案件中，被告人认罪态度很好，承认其非法吸收公众存款，也愿意接受刑事处罚，但是对于公诉机关通过审计报告所确定的非法吸收金额不予认可，其认为非法吸收金额并非那么多，很多金额都是被害人把所谓欠付的利息加到本金里面的。事实上，该案中审计报告本身不具备司法鉴定的形式要件，其审计的证据也不具有客观性，仅以被害人报案的金额信息作为认定金额，由此确定的犯罪金额显然是证据不足的，不符合法定证明标准。如果对量刑事实降低证明标准，认为有一份审计报告和报案登记表就可以证明非法吸收金额，从而确定量刑，对于被告人来说显然是不公平的。因此，即便是对于量刑事实降低证明标准，也是不具有正当性的。

在梳理清楚认罪认罚案件证明标准及其背后确立原因的背景下，更容易分析认罪认罚案件中对证据审查的标准判断。因为，如果认罪认罚案件中降低法定证明标准，那么其证据审查的判断标准可能会相对降低。但是目前认罪认罚案件中仍然坚持法定证明标准，那么其证据审查的判断标准也应当达到符合法定证明标准的程度。

第二节　被告人认罪认罚自愿性保障机制的再检讨

一、认罪认罚自愿性的内涵解构

认罪认罚从宽制度的本质是协商性司法，被追诉人需要放弃在后续刑事诉讼程序中的部分权利，从而提高诉讼效率，对应地获得从宽量刑。由于该制度本身存在一定的利益交换，更容易在协商过程中出现不公正的情形，所以保障被追诉人认罪认罚"自愿性"成了该制度得以良好运行的前提。对于认罪认罚自愿性的具体内涵应从两个层面来剖析，一个层面是认罪认罚的自愿性所界定的范围，另一个层面是自愿性本身的含义。

首先，刑事侦讯充满着对抗与博弈，若将认罪认罚的自愿性界定为"没有任何强制的情况下，自由或自愿作出供述"，可能不符合认罪认罚从宽制度语境下认罪认罚"自愿性"的客观实际。这是因为该制度以"从宽"为优惠条件换取被追诉人的"认罪认罚"，其本身具有一定的强迫性或者利益期许性[1]。因此，认罪认罚自愿性内涵的讨论是限定在"认罪认罚"这个特定语境之下的。根据《刑事诉讼法》第十五条对认罪认罚案件的规定，"认罪认罚"包含自愿如实供述自己的罪行、承认指控的犯罪事实、愿意接受处罚。有学者提出，这里的"自愿性"不是社会心理学意义上的"自由、自愿"，而是一种对强迫认罪认罚的否定，保障认罪认罚自愿性不是要保障发自内心的绝对自愿，也不是对所有外界压力和强迫的否定[2]。由于审讯环境和审讯场所的压力以及被追诉人与专门机关不对等的地位，几乎所有的认罪认罚带有非自愿的色彩，所以认罪认罚的自愿性不仅包括"心甘情愿"的自愿供述，更重要的是为那种轻微强制并为法律允许的强迫行为设置合理的评判限度[3]。

其次，有学者提出自愿性分为形式自愿性与实质自愿性，形式自愿性是指

---

[1] 闫召华、李艳飞：《认罪认罚自愿性研究》，《河南财经政法大学学报》，2018年第2期，第87~88页。
[2] 陈瑞华：《刑事证据法学》，北京大学出版社，2012年，第238页。
[3] 闫召华、李艳飞：《认罪认罚自愿性研究》，《河南财经政法大学学报》，2018年第2期，第88页。

在选择过程中排除暴力、威胁、利诱、欺骗等行为的直接干预，并以此认定被调查人、犯罪嫌疑人、被告人具有自主性，其选择的结果被认为是有效的。实质自愿性，不仅包含形式自愿性的要求，而且要减少威胁、利诱的成分并为被调查人、犯罪嫌疑人、被告人的理性选择提供条件。例如，为其选择提供足够的资讯，以及获得自身利益维护者（如辩护律师）充分有效的帮助。"实质自愿性"的条件至少包括充分的司法人权保障、知情权和法律帮助①。笔者认为，既然从解决认罪认罚从宽制度的实践困境角度出发，那么分析问题首先需要回归法条的内容，对于司法运用更具有实践性。结合《关于适用认罪认罚从宽制度的指导意见》第三十九条第（一）（二）项的规定，认罪认罚自愿性的含义是指被告人在具备自愿的正常认知能力和精神状态的情况下，未经暴力、威胁、引诱而违背意愿认罪认罚，理解认罪认罚的性质和可能导致的法律后果，人民检察院、公安机关是否履行告知义务并听取意见，上述内容可归纳为自愿性的两个含义内容——自由意志下的自愿性和满足明智条件下的自愿性。

关于自由意志下的自愿性是比较容易理解的，包括被告人的有罪供述系自愿作出的，其承认指控犯罪事实、认可检察机关提出的量刑建议的意思表示是在自愿的情况下作出的。这里的自愿作出重点是指没有收到办案单位、辩护律师、家属等的外在强迫。

关于满足明智条件下的自愿性。明智性是指被告人对自己作出某种决定的前提、依据及后果有充分的了解，而认罪认罚自愿性中明智性是指，被追诉人对其所作出的认罪的事实、性质判断、法律依据以及认罚所产生的后果有明确了解，没有受到办案机关、辩护律师等人员的欺骗、引诱、错误引导，这与前文所述的外在的自愿存在侧重点的不同。外在的自愿是指没有形式上的强迫，属于比较容易判断的，但是明智性必须深入被追诉人作出认罪认罚决定的内心世界，去了解他作出这个决定的内心过程是否处于一个相对理智的状态，尤其是普通大众对法律不太清楚的情况下。比如，认罪认罚自愿性中被追诉人需要了解其一旦同意认罪认罚，签署了认罪认罚具结书，就是在法律上产生了特定效果，人民法院依法一般应当采纳检察机关作出的量刑建议。在美国刑事诉讼中，明智性是法院采纳被告人作出有罪答辩的前提。美国《联邦刑事诉讼规则》第11（b）（1）条规定，法庭需要询问、告知并确定被告人理解一些特定

---

① 张建伟：《协同型司法：认罪认罚从宽制度的诉讼类型分析》，《环球法律评论》，2020年第2期，第45~46页。

事项，才能接受被告人的有罪答辩①。笔者认为，在认罪认罚案件中，明智性对于认定被告人自愿作出认罪认罚来说同样是前提条件。因为认罪认罚程序中本身就带有"量刑协商"的意味，被告人或多或少会基于对从宽处罚的追求而选择认罪认罚，这种情形下更加需要保障被告人对其所做出的认罪认罚具有充分的明智性。简言之，被告人只有对其所作出的认罪认罚意思表示的现实情况、所代表的法律后果等有着充分、确切的了解，才能算是真正地"自愿"作出认罪认罚，否则就会出现所谓"无辜者认罪"的错案风险。有学者提出明智性并非实现自愿性的充分条件，因为有了明智性不一定能确保自愿性。虽然上述说法言之成理，但鉴于明智性系自愿性成立的前提，在分析和界定二者关系时笔者认为应当将明智性放入自愿性解释中。也就是说，广义的自愿性是包含明智性的，法院在审查被告人认罪认罚自愿性时应当对其明智性予以审查。

那么认罪认罚案件中被追诉人的明智性应该包含哪些内容？笔者认为应当包括以下几方面：①认罪认罚作出背景——案件证据等现有调查情况、涉及的法律法规等；②认罪认罚配套权利——获得律师帮助权、程序选择权、上诉权等；③认罪认罚作出内容——承认指控的罪名、量刑建议；④认罪认罚作出法律后果——反悔权等。《关于适用认罪认罚从宽制度的指导意见》第三十九条第（三）（四）（五）项内容则是对明智性审查的具体体现，即被告人是否理解认罪认罚的性质和可能导致的法律后果、是否知悉相应的权利、是否获得法律帮助，进一步证明明智性的确是法院审查被告人认罪认罚的内容。

明智性的缺失是认罪认罚案件出现错案的主要风险，其中最主要的情形就是被追诉人对于自己是否构成犯罪，以及自己究竟会面对什么样的刑罚是不明晰的，在这样的背景下稀里糊涂就认罪认罚，甚至出现违心认罪的情况。有学者针对认罪认罚从宽制度中无辜者认罪情况，对206名法学院学生发放了实验调查问卷，该项调查数据反馈出在明知自己无罪的情况下，将告知有罪可能性作为一组变量，得出了超强的相关性。这说明对一个明知自己无罪的人而言，侦查机关、司法机关乃至辩护律师对案件的看法相当重要，如果司法机关明确传递有罪可能，甚至辩护律师也持此观点，即便被追诉人明知或感觉自己无罪，很大概率也会选择认罪认罚②。还有学者针对被告人、法律职业人就违心认罪问题展开了问卷调查，问卷设计了"如果没有犯罪事实，你是否会为了得

---

① 孔令勇：《被告人认罪认罚自愿性的界定及保障——基于"被告人同意理论"的分析》，《法商研究》，2019年第3期，第67页。

② 董凯：《认罪认罚从宽制度中的错案风险——以206起认罪错案为考察对象》，《北方法学》，2021年第5期，第98~99页。

到从宽处罚而违心认罪"这一问题,在 164 份有效问卷中,认为"不会认罪,坚信法律是公正的"有 126 人,占比 76.8%,而有 38 人选择"会违心认罪,可以早日出去",占比为 23.2%[1]。上述数据虽然可能存在一定的局限,但两项调查都不约而同地反映出现实中确实存在普通人,甚至法律专业人士违心认罪的情况,所以认罪认罚案件断然不能仅凭认罪认罚具结书上的签字,甚至签字时的录像就径直认定被追诉人是自愿的,而是要穿透这些所谓"自愿"的背后剖析其整个心理过程,这才是自愿性含义的重点。

最后,有学者提出,认罪认罚的自愿性还包括"自愿同意程序简化",被追诉人自愿认罪认罚包含对诉讼程序简化、诉讼权利适度缩减的认可。笔者认为这一观点有待商榷,因为从法律规定本身来看,认罪认罚案件并不必然导致程序简化,而认罪认罚案件的定义中也不一定要求被告人同意接受程序的简化。虽然实践中认罪认罚案件普遍采用简易程序甚至速裁程序进行审理,但被告人仍然有权利选择普通程序进行审理,而认罪认罚案件的普通程序并未与其他案件的普通程序有着本质的区别。因此,笔者认为这里的认罪认罚的自愿性并不包括自愿同意程序简化。但这不代表简易程序或速裁程序中法官不必审查被告人同意选择该项程序是否出于自愿,只是这种审查属于刑事诉讼中程序适用应有之义,是对认罪认罚具结书内容真实性的审查,而非认罪认罚自愿性审查中的内容。

二、认罪认罚案件中自愿性审查标准

由于自愿性本身属于主观认知层面的内容,正如刑法学中"明知"主观问题一样,一度成为学者争相讨论的主题,得出了不同的理论说法。有学者认为,认罪认罚自愿性的判断标准等同于我国《刑事诉讼法》和相关司法解释所确立的非法言词排除标准。所谓"强迫"证实自己有罪正是"自愿"认罪的反面状态,而"刑讯逼供、威胁、引诱、欺骗等非法方式"即强迫的具体表现形式。将"自愿性"从对被告人主观意志的判定,转为对"刑讯逼供、威胁、引诱以及欺骗等非法方法"的客观行为的判定,问题则简化很多[2]。也有学者提出可以参考自白任意性标准。一方面,认罪的自愿与供述的自愿并不一致。在

---

[1] 李洪杰:《认罪自愿性的实证考察》,《国家检察官学院学报》,2017 年第 6 期,第 112~113 页。

[2] 孔冠颖:《认罪认罚自愿性判断标准及其保障》,《国家检察官学院学报》,2017 年第 1 期,第 20 页。

认罪认罚的语境下，认罪的自愿明显不能等同于供述的自愿，两者在行为背景、利益诉求、公共诉求等方面具有明显的差异①。另一方面，我国侦查程序中尚未确立沉默权、律师在场权等保障供述自愿性的配套制度，加上我国的认罪认罚程序并没有严格地与侦查讯问相隔离，因此，即使通过合法手段获取的有罪供述，仍然存在很大非自愿的可能性，为了尽量降低认罪错案的发生概率，保障认罪认罚从宽制度的稳定实施，参考较为严格的自白任意性标准更为适宜②。笔者认为，上述两套观点存在类似的局限性认识，其实无论是非法言词排除标准，还是自白任意性标准，都仅考虑到了所谓供述自愿，然而通过上文对认罪认罚自愿性内涵的梳理可知，供述自愿只是认罪自愿中对于事实供述的一个部分，而认罪认罚自愿性的要求是更为丰富的整体，无法体现出对于明智性的审查。

还有学者主张将认罪认罚抽象为被告人同意的对象，将被告人认罪认罚的自愿性对应为被告人同意能力的一项重要指标，并针对被告人同意能力确立不同的界定标准与保障措施。其认为所谓自愿的认罪认罚决定是被告人基于案件事实，在未受到暴力、威胁、引诱、欺骗等身体强制或精神强制的前提下，通过理性的权衡与选择，加上有效的律师帮助，所作出的同意指控罪名与量刑意见的决定。以自愿性为内核的被告人同意能力，是法院认定被告人同意或者处分行为正当性的标准，至于被告人的同意能力能否让处分行为生效还需要考虑其他因素，如同意对象的类型就是其中的一项重要因素，分别以指控事实与罪名、任意侦查行为、强制侦查行为作为同意对象进行分析③。

还有学者主张应当借鉴实体法犯罪构成要件中主观状态的认定，包含意识因素与意志因素两个因素，两者相互统一，缺一不可。意识因素是指犯罪嫌疑人、被告人认识到自己的行为性质已然构成了犯罪，并且明晰认罪认罚可能带来的一系列法律后果；意志因素是指认罪认罚的犯罪嫌疑人、被告人在意识因素上充分明确、理解之后，自愿向公安司法机关认罪认罚，追求从宽的法律效果④。笔者同意这一观点，正如前文也是以"明知"问题作为例子进行解读，但实体法犯罪构成要件中主观状态的认定一直都是难题，始终没有具体的解决

---

① 杜磊：《论认罪认罚自愿性判断标准》，《政治与法律》，2020 年第 6 期，第 151~152 页。
② 董凯：《认罪认罚从宽制度中的错案风险——以 206 起认罪错案为考察对象》，《北方法学》，2021 年第 5 期，第 99~100 页。
③ 孔令勇：《被告人认罪认罚自愿性的界定及保障——基于"被告人同意理论"的分析》，《法商研究》，2019 年第 3 期，第 67~68 页。
④ 王迎龙：《认罪认罚从宽制度基本原则的教义学分析——以"自愿性"和"真实性"为视角》，《湖北社会科学》，2020 年第 7 期，第 127~128 页。

方案，从思路上可以参考自愿性判断标准，但自愿性判断内涵又具有一定的特殊性，仍然需要深入认罪认罚案件的自有逻辑寻求答案。

还有学者提出的"合致性标准"是主张"以被告人为中心"，将被告人认罪认罚的主观意愿与其在审前程序中的客观处境联系起来，指引法官通过整体考察两者之间的关联大小来综合评价主观意愿。法官考察主观意愿与客观处境之间的关联时，需要注重主客观之间的对应关系，并将审查成立自愿性与被告人的当庭表现联系起来，最终结合个案及运用经验判断作出裁判。其中被告人在审前程序中的客观处境，应当重点从人身状态、取证行为、受助情况、认罪认罚情况等方面来把握[1]。笔者认为"合致性标准"理论对于法官在庭审中如何把握审查认罪认罚自愿性的内容是具有重要参考价值的，能有效解决从客观方面审查时去判断主观层面的问题，但是该理论同样在实践中缺乏广泛适用的可操作性，其提出审查时考虑的因素过于详细，而且不具备统一尺度，认罪认罚案件普遍追求庭审效率，绝大部分案件不可能在庭审中充分调查详细因素。

认罪认罚自愿性所依托的"客观事实"是被追诉人的内心判断，所以进行自愿性审查时，一定程度上需要逆推被追诉人的心路历程，对这一心路历程进行准确判断是自愿性标准的内涵所在，而通过其他相关事实对这一内涵进行综观性验证则是自愿性标准的外延所在，内涵与外延的准确勾连达成融贯性。其中内部标准包括"基本忠诚度"（被追诉人对认罪行为的自我认同程度，最理想的莫过于被追诉人对自己认罪行为的正确性深信不疑）、"认罪事实的经验协调性"（对被追诉人认罪的原因、动机等要素是否符合一般人思维进行判断），外部标准包括"程序分流盖然性"（法院基于对公诉机关掌握的证据来倒推判断被追诉人选择认罪认罚的盖然性）与"程序合规性"[2]。笔者很赞同该学者提出的自愿性审查本质上是在追溯被追诉人的心路历程，所谓的审查标准实际上就是判断反映其心路历程的要点，但对于具体的内部标准、外部标准是否合理，有待商榷。

笔者认为，自愿性判断标准可以采用客观事实导向和结果导向推定的方式来判断被追诉人是否满足认罪认罚自愿性含义中的要求——自由意志下的自愿性和明智条件下的自愿性。客观事实导向是指通过对客观事实的审查来判断被追诉人形成认罪认罚决定的过程是否处于自由意志，比如，通过讯问被追诉人

---

[1] 吴思远：《认罪认罚自愿性审查规则的重构进路》，《法学家》，2022年第6期，第133~135页。

[2] 韩晗：《认罪认罚自愿性的法院审查难题及其破解》，《烟台大学学报（哲学社会科学版）》，2019年第6期，第46~48页。

关于认罪认罚具结的过程，还原其是否受到公诉机关和家属的强迫、威胁、欺骗等；再比如，被追诉人在卷宗供述中对于犯罪事实是否存在稳定、一致的供述，对于存在否认控罪的供述应当重点审查原因。结果导向推定是指通过庭审对被追诉人进行调查还原，以庭审调查情况作为结果，看结果是否能够满足契合认罪认罚和全案证据证实的案件内容，这一判断标准尤其针对明智性审查。具体地，被追诉人如果是对案件情况、认罪认罚的法律后果都已经在作出认罪认罚决定的时候就全部知道了，那么在庭审调查过程中肯定可以如实回答，只要法官对被追诉人的明智性进行切实的调查，就能够审查得出被追诉人是否可以满足条件。

三、认罪认罚案件中自愿性保障机制

关于认罪认罚案件中自愿性保障机制的讨论非常丰富，但纸上谈兵式的分析没有实践参考价值，以下笔者将结合办案实际选择最为直接的保障措施进行讨论：

首先，挖掘辩护律师在认罪认罚案件中的关键作用，允许辩护律师的独立辩护。被追诉人在面对侦查机关、检察机关的时候相对处于劣势地位，即使从理论上分析检察机关在认罪认罚案件中应当履行客观义务，但现实中的绩效考虑、公诉人身份的惯有逻辑，导致检察机关处于有罪认定的角色。辩护律师作为被追诉人的法律守护者，能真正从被追诉人的利益出发，保护他的权益。在认罪认罚从宽制度施行以前，辩护律师可以毫无顾虑地挖掘证据存在的问题，最大限度地为被追诉人争取权益，但随着认罪认罚从宽制度的大力推行，律师的辩护思路发生了重大改变，往往迫于极低概率无罪案件的现实，辩护律师采纳率也长期偏低。同时，为了让被追诉人获得最为实际的量刑利益，大部分律师也会选择说服被追诉人选择认罪认罚，甚至有很多人认为辩护律师的作用越来越低。因为一旦被追诉人认罪认罚，几乎也不存在庭审对抗，审判环节沦为走过场，辩护律师的作用仅为与公诉机关就量刑建议进行有限的"求情"协商。这种迫于无奈的认罪认罚案件，往往被追诉人是非自愿的，从而可能滋生错案。那么有效的解决办法就是允许辩护律师在认罪认罚案件中进行独立辩护。认罪认罚案件中的独立辩护具体表现为，被追诉人一旦签署认罪认罚具结书显然不方便再就认罪问题提出异议，这也是认罪认罚案件中自愿性审查存在困难的原因，即使被追诉人确实是非自愿的，但迫于已经签署认罪认罚具结书，也不会在审判环节提出异议。辩护律师具有独立地位，如果辩护律师认为

证据认定、法律适用上存在疑问、错误的应当在庭审中提出，便于法官及时发现并审理案件中可能存在的无罪、罪轻，真正有效地避免被追诉人非自愿认罪所带来的负面影响。

其次，证据开示制度的有效落实。一方面，我国立法并未规定被追诉人享有阅卷权，加之辩护律师的缺位，导致被追诉人对于控诉证据缺乏知情权，案件信息不对等。另一方面，虽然立法赋予值班律师阅卷权，但实践中由于值班律师制度的不完善，很少会有值班律师尽职尽责完成阅卷工作，所以值班律师阅卷权形同虚设。实践中也逐渐在探索保障犯罪嫌疑人的证据知悉权，有学者对某区法院调研时了解到该地检察机关向犯罪嫌疑人送达证据清单，内容包括证据名称、主要内容，但证据本身并不向犯罪嫌疑人提供[①]。显然这一创新方法并不能有效保障犯罪嫌疑人的知情权，证据是具有整体性的，不能割裂来看所谓主要内容，尤其是被告人供述、证人证言，公诉机关在提供证据清单时难免会进行筛选，仅提供有罪证据，更容易让被追诉人陷入错误信息中。有学者提出有六类特定证据应予以重视，检察官负有严格开示义务：一是证人、被害人、被追诉人不一致的陈述；二是"污点证人"证言；三是不具有证据能力的非法证据，尤其是已经被"排除"的非法证据；四是技术侦查证据；五是讯问录音录像资料；六是侦查机关和调查机关保管的对被追诉人有利的证据[②]。笔者认为，检察机关全面进行证据开示固然是最优解，但鉴于实践中证据卷宗量大，检察机关全部向被追诉人展示确实存在一定困难，也影响案件办理的效率，一个折中的办法是建立重点证据的证据开示制度，与其提供所有证据清单进行形式化证据开示，还不如有筛选地将案件中重点证据对被追诉人开示。因为侦查机关在案件侦查过程中收集证据是较为全面的，其中有部分证据的证明力是较弱的，与定罪量刑的关联度不高，针对这类证据确实也没有必要一味地让被追诉人查阅，但对于案件事实的关键证据，比如，同案犯供述、关键证人证言、主要客观证据，应当向被追诉人全面开示，尤其是对被追诉人有利、不利的内容。

最后，实质化的庭审审查。"公正为本，效率优先"应当是认罪认罚制度改革的核心价值取向[③]。法官在审判程序中对认罪认罚案件的司法审查是保障

---

① 韩旭：《认罪认罚从宽制度中证据开示制度的构建》，《甘肃社会科学》，2023年第3期，第111页。

② 韩旭：《认罪认罚从宽制度中证据开示制度的构建》，《甘肃社会科学》，2023年第3期，第118页。

③ 陈卫东：《认罪认罚从宽制度研究》，《中国法学》，2016年第2期，第51页。

被告人认罪认罚自愿性的最后一道防线[1]，但实践中，绝大部分认罪认罚案件中，法官为了提升效率进行了审理程序简化，庭审过程中对于被追诉人的自愿性审查流于形式，导致非自愿认罪的认罪认罚案件出现。笔者认为，既然认罪认罚案件仍然坚持统一法定证明标准，那么对于认罪认罚案件的办理质量仍然应当予以保障，建议纠正检察机关主导的现状，重新回归"以审判为中心"，重视认罪认罚案件的庭审实质化审查。对认罪认罚再审改判案件的研判，反映出非自愿认罪认罚的错案一般发生在轻罪案件中，被追诉人基于轻微刑罚的可能性，为了尽快脱离诉讼，同时基于风险规避心理，避免不认罪带来的羁押或者实刑的严厉后果，会出现非自愿认罪认罚[2]。所有认罪认罚案件中尤其是关注被追诉人撤回认罪认罚和客观证据的审查，具体审查内容在下文中详述。

第三节　认罪认罚案件中庭审证据调查规则优化

一、认罪认罚案件中庭审审查内容

首先，《关于适用认罪认罚从宽制度的指导意见》第三十九条明确规定，庭审中应当对认罪认罚的自愿性、具结书内容的真实性和合法性进行审查核实。对于认罪认罚自愿性审查标准已在前文分析，此处不再赘述。

其次，对于认罪认罚的真实性。有学者明确提出自愿性和真实性是两个不同层面的标准。其专门从理论上对认罪认罚案件中口供的自愿性和真实性进行了区分，口供的自愿性是证据能力的标准，真实性是证明力标准[3]。也有学者从实践出发，提出了具体的案件情况会导致被告人即使处于自愿状态也会作出虚假供述，比如，被告人对事实性质的错误认识[4]、被告人顶罪等，且合法的

---

[1] 孙长永、郭航：《被追诉人认罪认罚自愿性再审视》，《河南社会科学》，2024年第1期，第60页。
[2] 王迎龙：《认罪认罚自愿性困境实证研究》，《环球法律评论》，2023年第6期，第160页。
[3] 纵博：《认罪认罚案件中口供判断的若干问题》，《中国刑事法杂志》，2019年第6期，第113页。
[4] 刘静坤：《证据审查规则与分析方法：原理·规范·实例》，法律出版社，2018年，第257页。

审讯策略和技术也可能导致虚假口供①。笔者赞同上述观点，即认罪认罚自愿性与真实性是完全不同的概念，二者不存在竞合。认罪认罚具结书内容的真实性是指什么，是否包含认罪认罚供述的真实性，有学者指出，《刑事诉讼法》第一百九十条规定的审查认罪认罚的具结书内容的真实性仅指对具结书载明的内容的真实性进行审查，实际上仍然是判断被告人认罪认罚自愿性的一种途径，对被告人口供的真实性不作审查，所以具结书的真实性审查不等于对口供真实性的审查②。从法条本身进行解释，立法者专门将审查"认罪认罚的自愿性"和"认罪认罚具结书内容的真实性"分开，说明真实性的限定条件并非认罪认罚，即并非前文所分析的认罪认罚三个层面的内涵，而单指具结书的内容。认罪认罚具结书的内容一般包括被告人基本信息、权利告知、指控的罪名、量刑建议、程序选择、自愿签署声明、值班律师或辩护人在场见证声明。法院审查上述内容的真实性就是审查载明内容是否真实，而这里的真实包含两层含义：第一层含义是载明内容是否是签署人的真实意思表示，实际上的确是对被告人自愿作出认罪认罚的另一种审查方式；第二层含义是载明的内容，尤其是签署人认可指控罪名和量刑建议的内容与真实情况是否相符，这里的真实性就是指被告人认罪认罚的真实性。

　　基于法官对认罪认罚案件仍然应当坚持的证据裁判原则和法定证明标准，认罪认罚案件中仍然需要对被告人口供真实性进行审查。虽然认罪认罚案件在实践中给人一种具结书至上的感觉，只要被告人自愿签署了具结书，法院就可以直接据之认定为有罪。然而这是司法实践中的误区，根据《关于认罪认罚从宽制度的指导意见》第三条的规定，办理认罪认罚案件同样应当以事实为根据、以法律为准绳，严格按照证据裁判要求。坚持法定证明标准，防止因犯罪嫌疑人、被告人认罪而降低证据要求和证明标准。同时，根据《刑事诉讼法》第二百零一条的规定，法院对于被告人不构成犯罪的、审理认定的罪名与指控的罪名不一致的，应当依法裁判，不必采纳检察机关提出的量刑建议。上述规定说明在认罪认罚案件中，法院仍然是必须依法裁判，被告人认罪认罚的意义只是在于提高审理效率。而被告人供述作为案件重要的定案根据，法院当然需要对其真实性进行审查。尤其是在认罪认罚案件中，只要能够充分确定被告人的有罪供述系真实的，那么在案件审理认定时基本能够防止冤假错案的发生。

---

① 史立梅：《认罪认罚从宽程序中的潜在风险及其防范》，《当代法学》，2017 年第 5 期，第 126 页。

② 纵博：《认罪认罚案件中口供判断的若干问题》，《中国刑事法杂志》，2019 年第 6 期，第 112 页。

因此，虽然《刑事诉讼法》并未对法院审查被告人认罪认罚真实性进行明确规定，但是，笔者认为从法律解释和法理分析的层面仍然有必要确定法院审查被告人认罪认罚真实性的义务。

再次，笔者强调对于认罪认罚真实性的审查，即案件事实的审查中法庭庭审过程中应当对关键证据进行单独审查，大致分为如下两大类。

一类是主要的客观证据，如审计报告、鉴定报告、价格评估认定书等专业性证据。主要理由：一是这类客观证据一般是定罪量刑的关键，既可以有效避免过分依赖口供，又可以高效地直击审查要点；二是这类证据往往是第三方专业机构作出的，法官对此信赖，很容易忽视证据中存在问题的地方，从而导致认定事实错误；三是这类证据即使是给被追诉人证据开示，他可能也看不懂，加上辩护率低下，没有专业的辩护律师给被追诉人出谋划策，法官更应当在最后一道防线上进行严格审查，守护司法公正。实践中也确实存在对鉴定报告的错误认定导致错案发生的情况。例如，任某非法采伐、毁坏国家重点保护植物罪一案中，原审法院认定被告人任某在上山采药的过程中移栽了山上的一株"红豆杉"回家种植，经重庆市南川林业司法鉴定所鉴定，任某非法采伐、破坏的红豆杉树种为南方红豆杉，起源为天然野生树种，为国家一级重点保护野生植物。任某自愿认罪认罚，被判处构成非法采伐、毁坏国家重点保护植物罪，拘役四个月。本案的关键在于被告人移栽的树木是否是红豆杉，是否是国家重点保护植物。判决生效后，被告人向法院提交了同一鉴定机构同一鉴定人作出的补充鉴定意见书，该补充鉴定意见书证实案涉树木不是红豆杉，最终法院提起审判监督程序判决被告人任某无罪[1]。该案反映出原审过程中法官对于鉴定意见书的审查是存在疏漏的，因为既然被告人能够找到同一个鉴定机构出具两份完全不同的鉴定意见书，说明对于案涉树木的品种是存在明显争议的，甚至被告人清楚知道案涉树木不是红豆杉，但在审理过程中迫于压力而承认控罪。结果由于法官本身缺乏对相关知识的了解，也没有通知鉴定人出庭对其鉴定的过程接受质证和法院的审查，从而出现认定错误。

另一类是被告人、同案犯、证人就主要案件事实存在不一致供述的地方。从理性的角度来分析，犯罪事实是固定的，如果被追诉人的认罪认罚是真实的，其所作出的认罪供述就是所谓"真相"，那么与"真相"有关的证据都应当是一致，而且越是多次、稳定的，越具有真实性，那么一旦案卷证据中存在主要案件事实有不一致，甚至相反证据内容的时候就应当重点进行庭审审查，

---

[1] （2020）渝 0114 刑再 1 号刑事判决书。

避免出现虚假认罪。

最后,认罪认罚案件庭审中最容易忽视的是对量刑建议正当性的审查,除了对法定的从宽情节进行审查确认以外,法官很少会对认罪认罚案件中检察机关提出的量刑建议是否被采纳进行审查,但事实上量刑建议是否被采纳是被追诉人最关心的问题,尤其是能否适用缓刑,对于被追诉人来说非常关键,而能够适用缓刑的条件在实践中的运用却是存在争议的。我国刑事案件审判工作中一般对于量刑问题,很少在庭审过程中进行调查甚至公开评议,但随着刑事审判工作不断向量刑统一、规范发展,如何能够尽量统一量刑尺度,量刑审查评议过程的公开透明化,对于认罪认罚案件实质化审理具有重要的标志性意义。认罪认罚案件在庭审中公开对量刑建议正当性进行审查,由公诉机关提出量刑建议的依据,被追诉人发表相应意见,最终法院也可当庭作出相应阐释,既能解决认罪认罚案件量刑不统一的问题,还能促进被追诉人明确了解判决结果的缘由,息诉服判,不再因为量刑问题而提出上诉等。

二、认罪认罚案件中庭审审查程序

认罪认罚案件庭审审查程序相较于普通案件来说,其存在两点特殊性:一是存在认罪认罚自愿性这一单独的审理对象,二是平衡程序简化与实质化庭审。

首先,认罪认罚自愿性作为庭审重点审查内容自是应有之义,但认罪认罚案件是否应当设立庭前独立的自愿性审查程序却存在争议。主张应当设立的理由是,由于被追诉人在审前程序中一直处于控方的控制之下,而庭审过程中公诉机关也在现场,被追诉人没有单独接受法官调查的机会,同时审前进行自愿性审查能够进行充分的调查,如果自愿性经审查后确认则继续进入庭审,如果自愿性存疑,则转入普通程序进行实质化审理[①]。笔者认为不应设立审前独立的认罪认罚案件自愿性审查程序,因为庭前会议这类审前程序是处理程序性事务,但认罪认罚自愿性是重要的审理对象,直接影响定罪量刑,那么就应当在庭审中在控辩双方在场的情况下接受调查,才能做到公正公开。此外,从效率角度来看,虽然认罪认罚案件的自愿性审查直接影响司法公正,但毕竟从目前认罪认罚案件的实践情况来看,非自愿认罪导致的错案风险是极少数,如果所

---

① 韩晗:《认罪认罚自愿性的法院审查难题及其破解》,《烟台大学学报(哲学社会科学版)》,2019年第6期,第49~50页。

有认罪认罚案件都设置庭前程序将极大增加法官的工作量，有悖认罪认罚从宽制度的初衷。

其次，庭审程序流于形式是目前认罪认罚案件庭审饱受诟病的沉疴，尤其是速裁、简易程序。但是基于繁简分流的要求，不可能所有案件都进行详细的实质化审理，需要有的简单案件通过精简的程序进行审理。那么如何对认罪认罚案件进行繁简分流？不同庭审复杂程度的认罪认罚案件又分别是怎样的庭审程序？第一，按照符合法定的速裁程序、简易程序案件，一般可以在庭审中重点审查认罪认罚自愿性问题，事实调查可以采用极简举证方式来进行。第二，速裁程序、简易程序的选择必须是被追诉人书面同意的，而且法官在选择速裁程序、简易程序前应当清楚、明确地告知被追诉人，让被追诉人能够充分了解程序简化所带来的法律效果。第三，公诉人对于虽然签署认罪认罚具结书，但签署前存在认罪犹豫、反复的被追诉人，原则上不应适用速裁程序、简易程序，建议通过普通程序进行充分的审查。

三、认罪认罚案件中特殊的庭审审查方法

目前实践中认罪认罚案件庭审中主要是审判长以主动发问、被追诉人回答的方式来审查，而关于认罪认罚自愿性也一般为"是否清楚""是否存在异议"等固定问题，且包含大量法律用语。其实很多被追诉人在庭审过程中可能根本没有明白审判长所说的内容和含义，只是敷衍或者害怕地回答"是"，这样的庭审无法达到真正了解被追诉人真实情况的效果。笔者认为，认罪认罚案件庭审中应当建立独特的审查方法，以开放型问题形成主动审查。

首先，对于简单认罪认罚案件中重点审查自愿性的情形，建议由审判长提出开放型问题来引导被追诉人进行阐述，提问过程中可以尽量采取通俗的语言和表达方式，因为人一般在主动表达时比被动表达时更能表达出自己的真实想法，有利于审判长通过其回答的内容来审查自愿性、真实性等，而且被追诉人如果是真诚自愿认罪，对于其所涉及的犯罪事实以及认罪认罚过程都是最了解的，肯定能够回答出来，如果无法回答那么其认罪认罚的自愿性就有待进一步查证。

其次，认罪认罚案件庭审中建议提出以下几个常见的问题：①你是否明白认罪认罚从宽制度的意思，请简要阐述。②你是否自愿认罪，请简要阐述你的犯罪事实。③你对于在案证据是否清楚，是否存在异议。④你是否知道检察机关给你作出的量刑建议，你对这一量刑结果有什么看法，你为什么愿意接受认

罪认罚具结书上的量刑建议。

最后，对于较为复杂的认罪认罚案件，可以考虑结合其他证据来对被追诉人进行调查。不一定以惯常的公诉机关统一举证、辩方质证的庭审方式，这种庭审方式不仅浪费时间，效率也低。如果在庭审前已经保障辩方阅卷权的基础上，庭审中审判长就重点证据对被追诉人进行发问，或者让被追诉人进行案件事实回忆，那么可以最大限度地实现对真实性的调查，从而避免错案发生。

第四节 认罪认罚案件中错案风险防范措施的配置

一、认罪认罚案件中错案风险类型

公平正义是司法的灵魂和生命，而防范、纠正冤假错案是保障司法公平正义的重要一环。以往媒体报道的一个个冤假错案，都一次次刺痛社会公众、法律界每一个人的内心。长久以来，无论是实务部门还是理论学界都试图通过从典型错案中汲取教训，剖析成因，寻求预防和及时纠正的有效措施。有学者以20起震惊全国的刑事冤案为样本进行分析后得出结论，司法实践中刑讯逼供是许多案件误判的重要原因，其他的主要原因包括：办案人员主观臆断，主要根据与被害人的关系来确定犯罪嫌疑人，对遗留在犯罪现场的痕迹、物品、尸体等实物证据不太重视；警察违法取证，隐瞒、伪造证据，甚至阻止证人作证的现象也较严重；法官主观片面，对无罪证据视而不见；侦查、起诉和审判机关轻视律师辩护，对辩护律师合理意见不予采纳[①]。

那么认罪认罚案件是否存在错案？理论上认罪认罚案件本身是当事人自愿认罪的案件，一般来说不应当存在错案，但正如前文所引用的学者调查数据以及经过检索案例可以看到，司法实践中认罪认罚案件出现错案还是明显存在的，因为被追诉人存在违心认罪的情况。我们将视线投向适用辩诉交易时间更长的美国，就会发现肩负繁简分流责任的辩诉交易也并不完全可靠，在美国

---

① 陈永生：《我国刑事误判问题透视——以20起震惊全国的刑事冤案为样本的分析》，《中国法学》，2007年第3期，第54页。

"全美冤案统计中心"所统计的 2088 起冤案中，有 384 起是通过辩诉交易定罪的[1]。有研究成果表明，截至 2023 年 6 月 29 日，经中国裁判文书网检索存在一审被告人认罪认罚后，法院又依审判监督程序提起再审的案件 571 件[2]。认罪认罚案件中的错案大致包括三种类型：追诉对象错误型、事实认定错误型、法律适用错误型。

第一种追诉对象错误型，即认罪认罚的被告人并非实际实施犯罪的行为人，为了帮助他人顶罪，主观故意向办案机关作出虚假陈述，导致最终追究刑事责任的对象是错误的。司法实践中在危险驾驶罪类案件中此类型问题较为突出。

第二种事实认定错误型，即法院基于认罪认罚所认定的犯罪事实存在明显错误，直接导致定罪量刑也存在错误。例如，杨某诈骗一案中，原判法院认定杨某参与投资某商贸城项目，在明知其与女婿林某、妻弟邵某二人在该项目实际总出资不足 200 万元的情况下，隐瞒林某的身份，虚构林某已出资 200 余万元入股商贸城项目、占股 13.33％股份的事实，介绍被害人李某以 200 万元价格购买林某股份，杨某又以此产生银行利息为由诈骗李某 30 万元。杨某自愿认罪认罚，原审判决杨某诈骗罪有期徒刑十年。二审法院经审理后查明杨某、林某、邵某签订过《共同投资协议》，约定杨某投资在商贸城的 500 万元中林某占 40％，因此林某确实实际持有商贸城暗股，且李某多次到商贸城工地了解情况，商贸城项目法定代表人也认可李某持有暗股。因此，根据新认定的事实，杨某不存在虚构事实、隐瞒真相的情况，不构成诈骗罪，二审法院改判杨某无罪[3]。该案例反映出事实认定错误型错案。

第三种法律适用错误型，即被追诉人在审查起诉阶段对公诉机关认定的犯罪事实和罪名均完全自愿认可，法院也根据其认罪认罚的事实、罪名、刑期作出了判决，但最终通过审判监督程序审理发现一审公诉机关、一审法院对于犯罪事实的法律适用是存在问题的。这里以杨某某寻衅滋事罪再审一案为例，审查起诉阶段被告人杨某某自愿签署认罪认罚具结书，原判认定被告人杨某某、被不起诉人马某在某茶餐厅二楼包厢内喝酒，中途马某准备离开时，被告人杨某某以未喝好为由拉住马某不让离开，在拉扯的过程中双方发生口角，并相互撕扯。被告人杨某某将马某推了一下，马某被推到身后的电视机上致电视机屏

---

[1] 刘磊：《刑事正当程序的功能研究》，法律出版社，2018 年，第 201 页。
[2] 奚玮：《论法庭对认罪认罚案件的实质审理——基于 226 份再审改判案例的分析》，《中国政法大学学报》，2023 年第 5 期，第 88 页。
[3] (2020) 豫 14 刑终 425 号刑事判决书。

幕损坏。后马某也将被告人杨某某推了一下，被告人杨某某被推到包厢的门上致门损坏。后马某又将包厢内的落地衣架推倒，把包厢门口的暖风机一拳砸坏，又将包厢内墙壁捣了一个洞。经某县价格认证中心对毁坏的物品进行估价：电视机价值3600元、暖风机价值800元、包厢门价值100元、落地衣架价值180元、包厢墙壁价值50元，合计总价值4730元。原判认为，被告人杨某某酒后无事生非，任意损毁他人财物，情节严重，其行为构成寻衅滋事罪，且采纳公诉机关的量刑建议，最终判决杨某某寻衅滋事罪有期徒刑9个月，缓刑一年。判决生效后的三个多月，上级检察机关按照审判监督程序提起抗诉，再审法院认为：寻衅滋事罪是指肆意挑衅，随意殴打，骚扰他人或任意损毁、占用公私财物，或者在公共场所起哄闹事，严重破坏社会秩序的行为。行为人主观上只能是故意犯罪，侵犯的客体是社会公共秩序。原审被告人杨某某与被不起诉人马某在酒后互相撕扯推搡中，造成被害人价值3700元的电视机、包厢门毁损，并非寻求刺激、发泄情绪、逞强耍横等无事生非、借故生非的故意行为。且被害人的价值1030元的暖风机、墙壁、落地衣架等财物系马某故意毁损，不应认定为原审被告人杨某某的行为所致。原审被告人杨某某与被不起诉人马某是表兄弟，根据《最高人民法院、最高人民检察院关于办理寻衅滋事刑事案件适用法律若干问题的解释》第一条第三款的规定，二人之间的撕扯推搡行为针对的是各自人身，并非针对不特定的对象和社会公共秩序，不应认定为寻衅滋事。原审被告人杨某某的行为是一般的违法行为，不符合寻衅滋事罪的犯罪构成要件，不构成犯罪。原判认定原审被告人杨某某犯寻衅滋事罪的定性和适用法律错误，最终改判杨某某无罪[①]。该案同时包含了事实认定错误与法律适用错误，但其中对于犯罪事实的不同法律适用更为明显，因此可以通过上述案例分析出法律适用错误型错案的特点：被追诉人的认罪是出于自愿的，公诉机关作为专业的法律机关对于其实施行为的法律评价形成了认罪认罚的结果，但是因为公诉机关与审判机关对于法律适用的不同认知，所以原审法院作出错误判决。

二、认罪认罚案件中错案风险防控措施

首先，认罪认罚错案风险防控措施的提出必须建立在针对错案发生的原因上，以有针对性地解决问题。根据上述对认罪认罚错案的类型划分与个案分

[①] （2020）宁03刑再1号刑事判决书。

析，同时结合笔者办案实践，可以反映出认罪认罚错案发生的成因主要有几点：一是认罪认罚从宽制度广泛适用背景下，公诉机关有罪追诉的惯性思维以及定罪的惰性思维。现在大量案件都适用认罪认罚，虽然法律规定认罪认罚案件采用法定证明标准，但实际上公诉机关一般在有基本证据的情况下就重点开始做被告人的工作，说服达成认罪认罚，这样最终双方在审理环节也减少对抗。但正是由于长期缺少对抗，公诉机关在审查认罪认罚案件的证据过程中可能相较于其他不认罪案件更容易存在疏漏。二是司法实践中普遍无罪、罪轻辩护成功的案件极少，被追诉人普遍认为可能无法还原案件真相，加上又能获得比较轻的刑罚，就缺乏对抗的勇气和积极性。三是审理环节法院对于证据审查存在一定技术问题，对于法定证明标准没有严格执行，部分犯罪事实即使缺少充分的证据，但由于是认罪认罚案件，认为肯定不会出错，就径直认定。四是认罪认罚案件没有给予辩护律师良好的监督环境。辩护律师是认罪认罚案件错案风险防控中最重要的一环，能够站在对立一方提出相反意见，兼听则明，为法官提供多方面意见，作为审理的参考。但对于部分存在定罪疑惑的案件，为了避免给被追诉人带来量刑优惠的影响，部分辩护律师甚至没有勇气去"抗争到底"。因为目前对于认罪认罚案件辩护律师是否可以作出无罪辩护存在争议，甚至部分地区出台文件，认定如果辩护律师做无罪辩护就对被追诉人不再适用认罪认罚从宽制度，这种情况下，辩护律师也需要进行利益权衡，会放弃揭示案件真相。

针对上述问题，笔者认为认罪认罚案件错案风险防控首要措施就是取消对于检察机关认罪认罚案件适用率的考核，只有这样才能让检察官回归到案件事实本身，而不是为了认罪认罚而去做认罪认罚，同时调整检察官对于认罪认罚案件证据审查的思维态度，要改变以往可能已经形成的惯性思维，重新回归到普通案件的实质审查中来。

其次，提高法院对认罪认罚案件证据审查的主观意识和专业能力，结合前文提出的通过庭审内容、方法来完善法院对认罪认罚的司法审查。更为重要的是，对于有效保障被告人在被判决之后的上诉权，不能因为被告人上诉就直接认定被告人的认罪态度有问题，应当根据上诉理由区别对待，尤其是针对被告人因为认罪认罚自愿性或者案件证据事实问题提出的上诉，二审应当重点进行开庭审理，不得直接书面审理。

最后，完善认罪认罚案件的辩护制度是错案风险防控最直接有效的措施。一方面尽可能实现认罪认罚案件辩护律师全覆盖。社会中很多人对于法律知识是迷茫的，即使对被追诉人进行了证据开示，公诉人也向其充分阐释了认罪认罚的含义，但效果仍然是有限。如果能够让利益共同体辩护律师给被追诉人进行法律解释、做工作，所达到的效果是更加好的。另一方面要允许辩护律师在认罪认罚案件中进行无罪辩护。虽然辩护律师要在认罪认罚具结书上签字，但与无罪辩护是不矛盾的。被追诉人签署认罪认罚具结书之后无正当理由，又在庭审过程中进行无罪辩护，可以理解为被追诉人是对认罪认罚的撤回，不应再适用认罪认罚从宽制度。但辩护律师不同，因为辩护律师在认罪认罚具结书上的签字只能够证明被追诉人在签署认罪认罚具结书的时候确实是自愿的，公诉机关和辩护律师就具结书上的内容也是向被追诉人进行如实的解释，被追诉人对其所产生的法律后果是明确的，但并不代表辩护律师就认可上面的犯罪事实和量刑建议。相反，如果辩护律师基于法律理由、专业考虑，比如，即使被追诉人认罪实施了犯罪行为，但在案所有证据总体上证明力存在不足，无法达到证明标准，则不应构成犯罪，辩护律师在审查起诉阶段与公诉机关沟通无果，那么在审理阶段完全可以作出无罪辩护。或者，被追诉人认罪只是事实层面的，而辩护律师认为案件中法律适用方面存在问题，从而导致定罪量刑存在认知不同，辩护律师仍然可以作出无罪、罪轻辩护，不应受到限制。

第三章　庭审实质化视野下的证人调查模式转型

第一节　困境与反思：庭审证人出庭率低
——一个非自限性问题

证人出庭的缺失将导致对证人证言的举证、质证以及认证无法落实，若用宣读书面证言替代对证人的当庭口头调查，仍将庭前书面证言作为对定罪量刑起关键作用的依据，庭审将不可避免地沦为对侦查阶段所形成的卷宗文书的二次复核仪式，审判终将流于形式。对于证人不出庭、庭前书面证言的滥用等问题，推动证人出庭作证被认为是刑事庭审得以实质化的关键。然而长久以来，我国刑事案件证人出庭率偏低，早期一项实证研究指出，以全部6810起刑事案件为基数，证人出庭率仅为0.38%[1]。即便"以审判为中心"的诉讼制度改革将庭审实质化作为改革重心，明确要求"提高出庭作证率"，改革后的司法实践依然没有获得实质性转变。实证研究显示，2019年1月至2020年6月全国范围，在80351件被告人不认罪的、适用普通程序的第一审案件中，有证人出庭的案件仅为209件，出庭率为0.26%[2]。如此观之，尽管证人不出庭、书面证言滥用对我国刑事诉讼的危害早已获得法律界的共识，但繁荣发展的理论研究与实践中来自高层的司法政策助力依然并未解决我国刑事审判中这些顽疾。对于庭审证人调查问题的研究仿佛进入瓶颈，强化证人出庭的措施也收效甚微，庭审实质化改革效果有限，尚未达到改革的预期目标。

---

[1] 左卫民、马静华：《刑事证人出庭率：一种基于实证研究的理论阐述》，《中国法学》，2005年第6期，第166页。

[2] 周文章、聂友伦：《刑事诉讼证人出庭——基于80,351份判决书的分析》，《清华法学》，2021年第5期，第184页。

我们不妨以发展的眼光看待庭审证人调查问题，将相关因素分为两类：一类是在现有证人出庭制度框架下随着制度本身完善能够得到基本解决的问题，称为"自限性"问题；另一类则是受限于制度框架而难以自主解决的问题，即"非自限性"问题。"自限性"问题，即在现有制度框架下，依靠立法者自上而下的推动或者实践者自下而上的能动性能够解决的问题，如完善证人传唤、证人保护、证人经济补偿等制度。"非自限性"问题则较复杂，这类问题需要对症下药，但难点在于，人们往往能够看到病灶却难以找到病因，或者即使找到病因，也基于各种主客观原因而无从下手、束手无策。通过上述分析不难发现，解决当前证人调查实践中的突出问题，特别是"非自限性"问题，除了要找准具体的病因之外，共性的思路是要摸清制约庭审证人调查背后的"制度框架"，然后顺着制度与模式脉络对症下药。

当前理论中以笼统的证人出庭为基础讨论证人问题，实际上是聚焦于"自限性"问题的探讨。背后真正的问题是法庭证据调查的实质化，在证人层面即庭审证人调查的实质化。庭审中的证人调查呈现双面性，不仅涉及证据规则，还涉及刑事司法程序。因此，证人调查架构具有内在的逻辑性和系统性，研究证人不出庭作证、书面证言滥用等具体问题时要避免"头痛医头、脚痛医脚"，需要从整体的视角审视法庭中的证人调查模式。庭审证人调查实质化并非仅指证人与被告人、辩护律师共同出席法庭审判，还应包括被告人及其辩护律师在庭审中有机会对证人进行质证，并且这种机会必须是充分的、公正的，以及不受无理干预的。此外，证人当庭证言应成为法庭定案的依据，对最终的实体裁决产生实质性影响。

从研究视角来看，现有研究对庭审证人调查的理解与认识仍然停留在表层，局限于证人出庭作证这一表象问题。虽然论断均以扎实的理论分析和实证考察为基础，是对我国当前审判实践中存在的突出问题的准确界定与现实反映，但将审理书面证言或者法庭上口头的证据调查方式转变视作单纯地提高证人出庭或者提升证人作证水平的技术性规则；或从理论角度分析证人出庭的重要性，如促进直接言词原则和传闻证据规则的贯彻等；或从实务角度提出保障证人出庭的对策，如建立证人出庭的强制措施和经济补偿制度等。这呈现出一种相对狭隘、过分直接的思维范式，而内容上多体现为一种对策性、重复性的特点。这种单一的视角也造成了我国学界对证人调查模式研究的碎片化、零散化，缺乏系统化的梳理与理论分析，更缺乏以整体的视野对镶嵌在庭审中的证人调查进行体系化观察。

因此需要转变思路，从证人出庭率低是一个"非自限性"问题的角度进行研究思考，对证人采用书面或者口头的调查并非取决于证人出庭与否的单纯庭审技术调整，也并非取决于是否采用交叉讯问等质证技术，其背后有诸多法律文化、司法传统的复合影响。诸多传统背景、诉讼权力构造、审判形式、庭审认知信息来源等不同层次与深度的问题被杂糅到一个并非能承载这些厚重因素的表征之上，甚至被期望在一条立法中解决证人出庭作证的困境。正如一学者所提出："在我国当下的法学语境中，一种以移植英美法系国家证据法各项规则为标志的'变法运动'正逐渐成为证据法学研究的主流倾向。"[1] 推动证人出庭作证的证据调查模式转变的发力点涵盖对域外经验的借鉴与移植，例如学界积极研究的直接言词原则、传闻证据规则、交叉询问规则等。然而值得注意的一点是，无论是大陆法系曾经对证人进行书面调查的倾向，还是目前备受推崇的英美法系庭审呈现的对口头调查的偏爱，都是在漫长司法制度变迁后所形成的一种相对稳定的法律文化或司法传统，"要想了解法律的复杂性，就必须与整体的法律文化结合起来，将法律的技术专长和文化认识结合起来"[2]。或许这也从侧面解答了为何我国对证人出庭进行的相关庭审技术调整的努力成效细微的问题：证人出庭是一个复杂的系统工程，不仅体现刑事司法程序中主体决策选择倾向，也呈现出法律文化、司法传统等深层次结构的"交涉性"，若不对其进行深入且细致的探究，而仅聚焦表层规则的移植，成效必然有限。

有鉴于此，对域外法系经验的引入固然重要，但无论是欧洲大陆法系新职权主义下的直接言词原则还是英美法系的传闻证据规则，均不具有天然的跨法系适用性。在法庭上对证人证言的调查模式取决于它与具体法律文化下的司法程序安排以及宏观制度环境的契合性。面对证人，我国如何由以证言书面审查为主的现状转变为以当庭言词为主导的证据调查模式，是否为此转变提供了强劲的制度性及司法程序上的动因，或者意欲移植直接言词原则或者传闻证据规则而促进法庭证据调查方法的转变是否拥有可行性，仍有很大的开放性和讨论空间。

解决"法律文化""司法传统"的问题是构建和完善我国庭审实质化证人调查模式的前提，也是所有相关问题解决路径的基础和方向。具体而言，本章从事实裁判者判决依赖的"信息"视角分析不同时期英国与欧洲大陆法系证人调查模式的变迁。信息是证据的内容，是与案件事实有关的情况，而证据的形

---

[1] 陈瑞华：《从"证据学"走向"证据法学"——兼论刑事证据法的体系和功能》，《法商研究》，2006年第3期，第92页。

[2] 郑智航：《比较法中功能主义进路的历史演进——一种学术史的考察》，《比较法研究》，2016年第3期，第13页。

式表现为信息的载体①，因此程序法与证据法共同控制着审判中事实信息提出过程。证据一词包含信息载体与信息内容两个方面，这里主要关注证人作为信息提供者，其所传递的信息（即私人知悉）如何通过书面（如控方卷宗）或者口头言词（如当庭证言）为载体转变为一种裁判者进行事实认定所依据的公共知悉。证人调查的本质是证人作为事实裁判者裁决的信息来源，如何在庭审中处理这种私人知识形成事实认定。另外，需要对审判中证人调查方式演变的历史表象背后的深层结构进行解构，提炼出为不同证据调查模式提供制度空间、实践需求与程序驱动因素，为我国构建实质化的庭审证人调查指明发展方向。

第二节　证人调查模式历史演变之一：普通法系

从 5 世纪到 13 世纪，英国和欧洲大陆国家的司法审判基本一样，都沿袭了古日耳曼人的一些原始审判形式，如神判、决斗和宣誓涤罪。上述审判形式不同于现在基于证据的理性审判，实际是通过的一方即为胜诉的证明方法。在该种审判形式下，基于事实对案件作出理性判决的机会很少，证据也就几乎没有存在和发展的空间。证人主要在宣誓涤罪的仪式上发挥作用——被告人将愿意宣誓他无罪的人聚集起来，以证明自己的清白。该类仪式在 7—8 世纪于欧洲开始流行，证人属于助誓人的地位，其功能在于通过证人肯认被告其本人的诚信与正直的人格，作为证人的共誓者本质是为了展示对被告人的支持而宣誓，而非对自己所了解的案情宣誓②。因此，在这种被称为"非理性"的审判形式中，证人宣誓构成证据本身，与提升证据可靠性无涉，也不涉及调查程序，与如今证人辅助案件调查与事实认定的功能并非相同。

为在教会秩序和世俗世界之间建立明确的分工来确保神职人员的精神使命，1215 年第四届拉特兰会议禁止牧师单方面进行神明裁判③。当世俗政权下法律的价值体系或主动或被动地逐步丧失宗教神权的"加持"之后，陪审制度

---

① 刘品新：《证据法的信息论解析》，载《证据理论与科学——首届国际研讨会论文集》，中国政法大学出版社，2009 年，第 197 页。
② [美] 亨利·查尔斯·李：《迷信与暴力：历史中的宣誓、决斗、神判与酷刑》，X. Li 译，广西师范大学出版社，2016 年，第 77 页。
③ McAuley, Finbarr: Canon law and the end of the ordeal, Oxford journal of legal studies, 2006 (3): 499.

或刑讯成为世俗政权维系其自身价值体系的产物。两大法系因为最初世俗权威强弱的差异而采取了不同的路径。在英国,由于早在 1200 年之前就已采用了陪审制度,并逐步取代古代老的审判方法,在普通法法庭中得以普遍采用。

自此之后,英国的证据法史大致划分为三个阶段[1],每一个阶段都彰显了证人在庭审中的功能转型或者庭审证人调查的特征转向:第一阶段从 1200 年到 1500 年,采用陪审制替代神明裁判,允许私人知识直接作为判决基础,知情陪审团身兼证人角色垄断审判信息来源。第二阶段从 1500 年到 1700 年,随着英国经济的变革与社会结构的变化,知情陪审团转变为不知情陪审团,由原来的既是案件的知情人又是裁决者这一身二任转变为纯粹的事实裁决人,证人成为庭审独立的信息来源,对个人知悉"公共化"要求显现。第三阶段从 1700 年到 1900 年,是英国证据法体系的完全确立时期,其标志是随着对抗制的确立,证据法的规则体系初步确立,以当庭证人的口头证言为核心的现代证据法取代了旧式的证据法,交叉询问替代宣誓,成为采纳口头证据的基本保障,以验证证人等人证来源信息为中心的庭审调查特质形成。

一、私人知识直接作为判决基础,知情陪审团身兼证人角色垄断信息来源

1200—1500 年,知情陪审团合并作证和裁决职能,无独立证人调查程序。英国早在 1200 年之前就已采用了陪审制度,面对 1215 年之后神明裁判合法性迅速消减而产生的刑事诉讼审判方式的空缺,英国选择对社区参与司法的文化进行调整,国王将权力赋予平民。法官对古老的宣誓仪式进行改造,共同宣誓人演化为陪审员。审判中民众的声音逐步取代了普通人无法理解的神的声音。因为陪审团审判方便、高效,并将民众革命性地置于司法核心位置,从肉体考验到陪审团审判的转变不仅顺畅,且速度极快。英格兰法官首次采用陪审团审判刑事案件出现在 1220 年威斯敏斯特,名叫艾丽斯(Alice)的杀人犯检举其他 5 名被告人,被她指控的人接受 12 个有财产的邻人审判。次年皇家法官的巡回法庭将这种新的审判方式传播到英格兰各地,由 12 个好人进行的审判形式由此产生[2]。随着陪审制的确立,英国与欧洲大陆的证据法开始分道扬镳。

---

[1] John Henry Wigmore: A treatise on the anglo—american system of evidence in trials at common law, Vol. I, Little Brown and Company, 1923: 107-109.

[2] Cockburn, James Swanston, and Thomas A. Green, eds: Twelve good men and true: the criminal trial jury in England, 1200-1800. Princeton University Press, 1988: 17-18.

虽然形式上逐渐销声匿迹，但是古老的审判制度在纵向上依然被欧洲大陆与英国在不同程度上继承。对于以日耳曼法为代表的英国法律传统而言，神明裁判等内部蕴藏的在证据资源有限的环境下尽可能达成争议解决的理性特质与实用主义色彩获得延续，体现为对诉讼仪式、程序等有助于诉讼争端解决等要素的重视[1]。

作为积极主动的邻里调查者，陪审员的职责是判断他人提出的控告与抗辩。在巡回皇家法官面前的审判中，没有现代意义上的证人：非专业陪审员来到法庭，根据他们在法庭外自己获得的知识宣布判决。陪审员从犯罪地附近挑选，人们希望这些陪审员是了解案件事实的证人，或者有能力独立调查事实。如果陪审员认为他们需要更多的信息，他们"通过咨询没有被传唤到法庭的知情人士"来获得信息。正如 Langbein 教授等所言，作为将案件相关信息带入庭审的工具，早期的陪审团来法庭更多功能是说话并作出事先拟定的裁决，而非听取证据[2]。他们之中有些人可能是犯罪事件的目击者，有些人可能是社区中关于该事件谣言的接收者，还有一些人可能对所发生的事情进行了非正式的调查。皇家法官将批准陪审员的裁决，并酌情对所有严重罪行处以死刑。与此同时，兼具证人身份的陪审员作出错误裁决时，以私人知识作出裁决的陪审员个人将被视作犯伪证罪而承担相应责任，并由包括24人组成的陪审团对判决进行复议[3]。

在这样组织的审判中，证人与陪审员职能混同，作证和裁决职能被合并，判决依赖于陪审员的法外知识——作为证人的个人知悉。由此观之，现代证据法意义上证人证言以知情陪审团为雏形，在规模较小且人员联系紧密的社区中，陪审员往往对案件相关事实或情况有一定的了解，具备解决争议的必要亲历知识，并在法庭上陈述其社区是否有人被怀疑犯下严重罪行。陪审团对争议事实判断的过程即判决形成的过程，证明和判决几乎合二为一，法院接受这种粗糙的判决，且没有人关心判决结果得出的逻辑过程。由证人组成的陪审团所作出的裁决具有主观性而非证据性[4]。

---

[1] 熊琦：《论西欧中世纪刑法的理性因素及其在现代各法系中的投射》，《刑法论丛》，2016年第3期，第368页。

[2] Langbein, John H: Historical foundations of the law of evidence: a view from the Ryder sources, Columbia law review, 1996 (96): 1170.

[3] Mitnick, John Marshall: From neighbor-witness to judge of proofs: the transformation of the English civil juror, The American journal of legal history, 1988 (32): 203.

[4] Cockburn, James Swanston, and Thomas A. Green, eds: Twelve good men and true: the criminal trial jury in England, 1200—1800. Princeton University Press, 1988: 18.

在该阶段，虽然陪审员被期待以其个人知识对案件进行裁决，但是这里的个人知识仅仅强调其相对于官方调查获得信息意义上的私人性质，并未区分所谓的个人知识是一手还是二手证据，是亲身经历还是道听途说的传闻。对陪审团信息来源的不关心可能表明陪审团起源于一种皇家权力工具，用于促进王室的利益，同时保持正义的程序性外表①。陪审团的证人特性使得陪审团裁决不存在仅有一个证人的情形，所有陪审员既是事实认定者又是证人，从侧面挤压了同时期流传于欧洲的数量证据规则的发展空间，法定证据制度在英国没有生长的合适土壤②。

二、证人成为庭审独立的信息来源，对个人知悉"公共化"要求显现

1500—1700 年，知情陪审团向不知情陪审团转变，脱离陪审团后的证人逐渐成为庭审调查的重点，以证人为中心的审判趋势开始显现。中世纪末期，审判陪审团经历了划时代的转变，从积极的邻里调查者转变为被动的审判者。公民不再因他们对案件事实的了解而被选为陪审员，而陪审员被期望对案件事实一无所知。在 1500 年之后，英国经济变革与社会结构变化让作为知情陪审团根基的公耕农业难以为继③。直到 16 世纪初，独立证人的证言还属于凤毛麟角般的存在④。1470 年，《论英格兰的法律与政制》认为大陆法系的纠问法官将证人带至法庭并让他们进行陈述是不明智的，因为证人可能因为被收买而撒谎。而当时英国之所以拥有世界上最好的审判制度，是因为除了基于 12 个中立的人的宣誓证词，无人将被判处有罪⑤。早期的知情陪审团模式发生转变，在越来越多的案件中陪审团已不再是知情人，他们已无法仅凭自己了解的信息就对案件作出裁决，但是正是这种证人功能的分离凸显了证人出庭的必要性，一旦证人在法庭公开作证成为常规操作，知情陪审团对于案件事实知识的

---

① Mitnick, John Marshall: From neighbor-witness to judge of proofs: the transformation of the English civil juror, The American journal of legal history, 1988（32）: 203.
② [英] 约翰·福蒂斯丘:《论英格兰的法律与政制》，袁瑜琤译，北京大学出版社，2008 年，第 78 页。
③ 郑國良、G. 亚历山大·纳恩、卫晨曙:《证人之外：将程式化视角引入现代证据法》,《证据科学》，2022 年第 3 期，第 332 页。
④ Langbein, John H: The trial jury in England, France, Germany 1700-1900, Duncker & Humblot, 1987: 30.
⑤ [英] 约翰·福蒂斯丘:《论英格兰的法律与政制》，袁瑜琤译，北京大学出版社，2008 年，第 74 页。

垄断被打破，信息来源的转变带来了英国审判制度与证据法根本性的变化。

陪审团职能的转变涉及以相互排斥的方式界定事实裁判者与证人的角色：事实裁判者只能根据形成于庭审中被证明的"公共知识"作出裁决，而不能根据个人知悉作出裁决；相反，证人只能根据直接的感官知觉就个人知识发言，而不能发表个人结论意见。随着证人在普通法庭上出庭越来越频繁，陪审团的性质变化也愈发彻底，即由原来的既是案件的知情人又是裁决者这一身二任转变为纯粹的事实裁决人。陪审团抛弃其主动的、知情的证人功能，转向被动的、单一的评价性的事实认定职责，证人的当庭言词证据作为一种重要的证据形式开始迅速发展，庭审脱离以陪审员为中心，而围绕非陪审员以及第三方证人的审判形式开始流行。随着陪审团成员由证人向案外人的转变，15 世纪末证人出庭作证成为比较普遍的现象，16 世纪证人证言已成为最常见与最重要的证据来源，在法庭上听取的证词替代陪审团成员的个人知识成为证据的常规渊源①。在书面证据、实物证据相对欠缺的早期庭审实践中，案件事实的认定几乎取决于对证人证词的权衡，将证人作为庭审程序的重心是明智的。该时期的庭审证人调查发展有两大趋势，其一是对辩方证人的限制减少，其二是辩方的对质权逐渐形成。

（一）庭审调查对辩方证人限制减少

证人成为独立信息来源的转变带来了刑事诉讼程序的流变，由无独立证人调查程序的知情陪审团审判转变为 16 至 17 世纪的争吵式审判：控辩双方在法庭上就证据进行缺乏规制的争吵，辩方证人受到限制，且辩护律师没有存在的空间②。中世纪的知情陪审团自行获得信息，挑选案发地邻近地带的人员作为陪审员，以确保他们对案情有所知晓或者有自行查知案件事实的社区关系与能力。而 15 世纪左右当陪审员不再与案件的人、事或者地域拥有高强度关联之后，他们失去了获得真相的能力，陪审团审判的性质变成了说明性的信息提供程序，旨在让对案情陌生的陪审团了解并拥有裁判案件事实的信息，提出在陪审团面前对证人带来的个人知悉进行调查的需求，争吵式审判正是在这种情形下应运而生。

陪审团对争议事实信息垄断地位的丧失，在另一方面被时人理解为被告人在信息地位上的优势，需要在审判中予以限制并且充分利用，故争吵式审判主

---

① [美] 约翰·W. 斯特龙：《麦考密克论证据》，汤维建等译，中国政法大学出版社，2004 年，第 480 页。

② 兰博约：《对抗式刑事审判的起源》，王志强译，复旦大学出版社，2010 年，第 34 页。

要特征之一为要求被告人在公开庭审中不借助任何外力就控诉和证据进行口头回应。中世纪晚期的刑事审判主要涉及秘密进行的犯罪，被告人因与案件有较大关联而被指控，对案件事实拥有比不知情陪审团更多的信息量。因此，中世纪末期的刑事审判程序的主要设计是迫使被告人对指控及证据进行辩解，并在这种辩解中陈述事实，被称为"被告陈述"式程序[①]。在18世纪之前的重罪审判中，被告人被视作最主要的信息来源，在庭审调查中，通过单方赋予控方证人作证的权利以及聘用律师的权利给被告人在庭审中施以更大的压力，被告人必须为自己辩护并对控方证人的证言进行回应，与后续形成的对抗式审判对比强烈[②]。

鉴于此，在证人独立于陪审团的实践早期，庭审证人调查具有不对称性的特点：只有控方证人被允许在宣誓后作证，而对被告方证人作出不能宣誓和无法强制出庭的限制。为了否认或者验证指控方所提出的证据及传唤的证人，被告方会不由自主地陈述其所知，为审判提供丰富的信息来源。相比于辩方证人，"被告陈述"式程序赋予控方证人更多的优势，主要体现在两个方面：第一，控方有权通过玛丽式治安官颁发的命令强制控方证人出庭；第二，控方证人在宣誓后作证，而辩方证人作证时不能宣誓，具有较低的可信度[③]。

对辩方证人作出不能宣誓和无法强制出庭的限制，使得被告人难以获得证人的有效支持。对辩方证人限制的消极后果在叛逆罪等重罪的审判诟病中显现。如在"天主教阴谋案"中，被指控谋杀查理二世的被告人面对控方证人所做出的伪证，提出有证明其于案发时不在犯罪现场的证人，然而证人并未允许到庭，被告人被判有罪并被处决[④]。1696年《叛逆罪审判法》在其前言表明对"被告陈述"式程序截然不同的平等化价值观念：被告人可能无辜，由此其在程序上获得与控方平等的地位极为重要，不应剥夺能证明其清白的公正平等的途径[⑤]。为实现诉讼机会平等的理念，《叛逆罪审判法》力图使辩方获得与控方同等的诉讼地位，除允许被告人获得律师的完全代理辩护，还授权被告

---

① 兰博约：《对抗式刑事审判的起源》，王志强译，复旦大学出版社，2010年，第3页。

② Bloemberg, R. G: The development of the "modern" criminal law of evidence in English law and in France, Germany and the Netherlands: 1750－1900, American journal of legal history, 2019 (3): 387.

③ 兰博约：《对抗式刑事审判的起源》，王志强译，复旦大学出版社，2010年，第34页。

④ Stephen, James Fitzjames: A history of the criminal law of England. Vol. 2, Cambridge University Press, 2014: 388.

⑤ Shapiro, Alexander H: Political theory and the growth of defensive safeguards in criminal procedure: the origins of the Treason Trials Act of 1696, Law and history review, 1993 (2): 232.

人可运用审判法庭与强制控方证人出庭同样的程序,强制辩方证人出庭。另外,根据平等辩护这一核心主题,《叛逆罪审判法》解除对辩方证人宣誓的限制,控辩双方证人均可宣誓,由此辩方证人与控方证人拥有相似的可信度。

(二) 对质权在普通法系的形成

陪审团制度在英国的发展与普通法系的对质权的起源关系密切。由于证人作证不是刑事审判的一个特征,在 15 世纪,英国普通法中没有任何关于对质这种权利的建议。在知情陪审团期间,刑事指控由陪审团根据其个人对事实的了解和庭外调查决定。在 16 世纪,证人开始在法庭上向陪审团作证。然而,这一程序是为了方便起诉,而不是被告人的权利。缺席的控方证人的证词在刑事审判中可作为证据。

历史上,英国在一些涉及政治重罪的案件中也存在司法官员通过审前秘密调查的方式获取证人证言,并以这种书面证人证言替代当庭证言的情形。对于这种做法,被告人向法庭提出将控方证人传唤至法庭并进行当面对质的要求。在具有代表性的 1603 年拉雷案中,被告人沃尔特·拉雷(Walter Raleigh)因叛国罪被指控,指控的依据是作为共谋犯科本(Cobham)提供的供述。在审判中,法庭依据枢密院审讯科本所制作的书面证词,作为控方证人的科本并未出庭作证。拉雷坚持要求科本出庭与他对质,认为科本对他的指控是为了获得国王的宽恕[1]。然而最终陪审团仅凭科本的庭前书面证词将拉雷定罪。

拉雷案的审判意义重大,该案审判中的"不正义"成为对质权在英国确立的直接原因。被告人要求"面对面"出示对他不利的证人,这是一项权利,体现出证人出庭作证行为本身的力量。该案审判后英国逐渐通过立法建立起对质权保障程序。陪审团的平民性质使普通法传统对保障自由与维护民主的价值极为重视,在具体的证人调查程序中更加注重当事人的权利保护,通过审判公开作为证人私人知悉转变为公共知悉条件,而以对质为代表的言词辩论实现庭审判决信息的筛选。

在知情陪审团制度下,陪审员根据其自身所拥有的"知识"认定案件事实的时候,现代证据法意义上的证人没有单独存在的空间及必要。因为陪审员可从他们能够利用的任何资源去收集案件相关信息,也就没有制定口头证人证言规则的需求。只有在 14 世纪之后,非知情陪审团出现,证人出庭成为不可或

---

[1] 郭烁:《对抗秘密取证:对质权属性及范围重述》,《现代法学》,2020 年第 1 期,第 46 页。

缺的信息来源，必须依据证人在法庭上宣誓提供的证言做出裁决，客观上才有了制定口头证言规则的需要。口头证据给法官带来了一些必须解决的问题：一是证人能力的标准，二是法官如何对证人提供的证据进行控制，三是面对口头证据与书面证据不一致时如何取舍与判定。正是在解决上述问题的过程中，英国证据法的特色逐步成型并发展起来。从该角度而言，英国陪审制的性质由知情陪审团转变为不知情陪审团，切实促成英国证据法特色的形成。

三、以验证证人等人证来源信息为中心的庭审调查特质形成

1696年《叛逆罪审判法》虽仅针对叛逆罪，但是该法案是保护刑事审判中被告人的纲领性文件，是英国刑事诉讼程序的一个转折点，被视为对抗制的起源。自此之后，作为控辩双方地位平衡的关键要素，以双方证人在公开庭审中接受各方检验的庭审调查特征开始发展。在18世纪初，被告人在叛国罪与一般重罪中均被赋予传唤证人的权利[1]，后续对证人证言形成的一系列规则奠定了大部分证据法的基础。

17至18世纪末，随着人口向城市聚集，英国犯罪数量不断增加，给社会秩序与司法带来了巨大压力。一方面，为提高刑事司法水平及效率以打击犯罪活动，对于拦路抢劫、私铸货币等重大财产犯罪，英国政府对成功确立被告人罪名的情形给予奖赏，雇佣警察由此诞生[2]。另一方面，为推动案件起诉工作，伦敦地区的治安官创设了污点证人指认制度，以指认罪犯曾经的犯罪同伙为条件，承诺对犯罪嫌疑人免于追究[3]。然而，为鼓励纠举犯罪而设立的赏金制度与污点证人制度成为该时期伪证泛滥的最大诱因。对雇佣警察而言，除获得赏金外，他们往往对其所作为到底是惩罚犯罪还是诬告无辜并不关心；而污点证人也同样倾向为求自保做出伪证。

在此背景下，法官们意识到在一般重罪的刑事诉讼中，控告方采取的强势控诉手段使无辜者蒙冤的可能性不断增加。由赏金制度及污点证人激发的诬告及虚假证言的风险成为推动庭审对证人的查验方式的发展动力，并最终造就对抗式刑事审判的定型。

---

[1] Thayer, James Bradley: A preliminary treatise on evidence at the common law, Little, Brown, and Company, 1898: 161.

[2] Beattie, John Maurice: Policing and punishment in London 1660-1750: urban crime and the limits of terror, OUP Oxford, 2001: 376.

[3] 兰博约：《对抗式刑事审判的起源》，王志强译，复旦大学出版社，2010年，第110页。

首先，为在审判中查验控方证据并指出可能的伪证，允许被告人及辩护律师交叉询问。在18世纪30年代的沃勒丑闻案件中，法官作出允许被告人的辩护律师在一般刑事案件中出庭的划时代决定，引入辩护律师质疑控方证据的可靠性[①]。交叉询问是指由一方当事人或其辩护律师在法庭上对另一方证人进行的盘诘性询问。威格默曾经断言，如果不考虑政治制度等更加广泛的因素，则交叉询问制度才是英美法系的法律制度对改善审判程序方法的最伟大、最长久的贡献[②]。由此观之，法官在法庭上要求证人阐述其个人知识的主要动机是通过对抗性环境对证据进行检验。一个人若在审判程序中因没有机会检验或反驳证据而受到偏见是不可接受的。

其次，通过设立传闻证据规则来平衡双方力量，为辩方提供公正平等的庭审证人调查机会。传闻证据规则旨在确保控辩双方与提供证言的原证人直接接触，获得询问、质证和当面听取其陈述的机会。传闻在英国庭审实践早期因庭外发言者无法当庭宣誓而"不是证据"。吉尔伯特（Gilbert）于1769年在其专著中的观点阐明："传闻不是证据，尽管证人宣誓并复述陈述人在庭外所做的证言，然而陈述人（在庭外陈述时）却没有宣誓；……如果陈述人没有宣誓，就算证人宣誓陈述人做出了这样的陈述，那么这种宣誓也很空洞。这对于法庭实现正义而言毫无意义，法庭所有的决定都应该建立在庄严的宣誓上。"[③] 而至18世纪与19世纪之间传闻不被接受的主要理由变为"无法进行交叉询问"[④]。

从结构而言，英国属于"管制者—被管制者"的二元法庭结构，法官与陪审团处于证人证言的信息管制者与被管制者的地位。只有这种管制者处于某种能够实施管制的优势地位时，才可能生成证据排除规则。从认识论而言，17至18世纪认识论等人类知识的哲学理论的发展为现代证据规则奠定基础，如约翰·洛克强调了知识的确定性有不同的水平，并主张采用科学的方法来评估证据[⑤]，被部分英国知识界采用，并应用于法律体系。对于被传唤人的个人知悉都需要在公开的法庭上由法官、律师及陪审团作为证据听取，如果允许陪审团考虑个人知悉，证据法将受到严重破坏。因此，传闻证据规则的目的在于

---

① 兰博约：《对抗式刑事审判的起源》，王志强译，复旦大学出版社，2010年，第138页。
② Wigmore, John Henry: A treatise on the system of evidence in trials at common law: including the statutes and judicial decisions of all jurisdictions of the United States. Vol. 3, Little, Brown, and Company, 1904: 32.
③ 郭烁：《对抗秘密取证：对质权属性及范围重述》，《现代法学》，2020年第1期，第54页。
④ 兰博约：《对抗式刑事审判的起源》，王志强译，复旦大学出版社，2010年，第227页。
⑤ [英] 约翰·洛克：《人类理解论》，关文运译，商务印书馆，1983年，第651页。

规制两方面的弊端：其一，传闻证据的客观性、真实性较弱，为防止陪审团接触不适当的证据，影响事实认定，应当将其排除于法庭之外；其二，传闻证据的使用使得证据的原始性无法显现于法庭，当事人无法直接面对证人进行当庭质证，交叉询问的机会被剥夺。

综上所述，1700—1900年间，由于赏金制度与污点证人制度带来虚假证人证言危险，法官给予被告人庭审进行证人质证的机会与能力作为抗衡，以验证证人等人证来源信息为中心的庭审调查特质形成，审判主要是向被告人提供一个机会，通过辩护律师帮助使用交叉询问等方式以验证控方指控。

第三节　证人调查模式历史演变之二：大陆法系

在神明裁判和共誓涤罪等古老的审判模式中，没有证明存在及发挥作用的空间，一切都将通过神迹或者充足的宣誓誓言决定。神明裁判被禁止后，证人进入审判庭，但是证人证言的地位与在诉讼中的作用困扰着教会法学家。与英国陪审团审判展现的民众把控正义路径不同，大陆法系演变为专业人士通过技术化的调查与审判程序把握正义。欧洲大陆重申人的智慧与罗马法的权威，官员们被赋予侦查发现犯罪的权力，法学家们研究犯罪的调查方法，欲达到逻辑上的完美。

在11至12世纪罗马法复兴后，罗马法虽不是该时期欧洲大陆任何国家、地域等政治实体的实在法，但其被视为一种代表书面理性的理想之法，被认为是教会及世俗世界支配所有法律的规范。因此，中世纪教会法学家大量使用罗马法作为教会法的法律渊源以证明其正当性，在刑事诉讼中形成了所谓的"罗马—教会法"的法律体系。与罗马精神几乎一致的新的审问程序逐渐为大陆国家所采用，对罪行的起诉演变为几乎由政府的司法官员进行且愈发秘密，强调书面化程序并拥有一套证据评估的形式化规则。

一、严格区分公共知悉与个人知悉

在古老的基督教传统中，判决一名无辜的被告人有罪被视为极大的罪孽，刑事审判中被告遭受的血腥惩罚将使审判者担忧其灵魂受到威胁，这种道德神学的观点在欧洲大陆影响颇深[1]。为将法官从血罪观念的压力中解放出来，中世纪欧洲大陆的法学家和神学家的应对之路为严格区分法官与证人的角色，据此区分公共知悉与个人知悉。

对法官的公私身份进行区分。中世纪的刑罚极为严酷，对定罪之人的惩罚大部分涉及肢体刑或者死刑。为将流血的刑事制裁正当化以帮助法官逃离血罪威胁，神学家对法官私人身份与公共身份进行划分，并确立法官以公共身份杀人不为罪的原则：如果法官在合法的授权之下基于国家或者他人利益而判处被告，其人格代表公共正义及政府的司法决策，那么其行为属于公共身份作出，不被视为违反戒律[2]。早在11世纪，欧洲大陆法律文献流行对"法官职务"进行探讨，对职务与履行职务之人进行区分，并强调法官应当分清他作为个人所知道的知识以及履行公务时所了解的信息，对刑事案件的事实认定只能严格基于官方途径取得的信息[3]。

对法官于案件相关知识的了解途径进行区分。除对法官的公共身份与私人身份进行区分，对血罪隔离的第二步在于对公共知悉与个人知悉的区分。法官所拥有的公共身份与私人身份，对应审判时所依据的公共良心与个人良心。法官基于其公共身份所获取的知识是他作出判决所依据公共良心的前提，而与之相反，法官不得以私人身份获取的私人知悉作出判决。中世纪司法观念认为，若法官知道一个无辜的人被伪证入罪，但法官根据证据作出有罪判决，他也没有罪。因为在这种情况下，杀死无辜的不是法官，而是那些宣称其有罪的人[4]。正因如此，限制私人知识在刑事案件中的使用是一种道德安慰手段，是欧洲大陆职业法官与其审理案件的血腥结果保持安全距离的方法。教会法所发展出的纠问式的司法调查模式要求法官依据良心询问当事人与证人，程序制度被描述为"为了告诉法官的良心"的设计[5]。

综上所述，在对法官身份与公私知悉的强调下，中世纪欧洲大陆禁止法官以私人身份获取个人知悉对案件进行裁判，而要求法官以其履行公共身份职责

---

[1] 詹姆士·Q.惠特曼：《合理怀疑的起源——刑事审判的神学根基》，佀化强、李伟译，中国政法大学出版社，2012年，第6页。
[2] 佀化强：《形式与神韵：基督教良心与宪政、刑事诉讼》，上海三联书店，2012年，第3页。
[3] 米尔伊安·R.达玛什卡：《司法和国家权力的多种面孔》，郑戈译，中国政法大学出版社，2004年，第45页。
[4] 佀化强：《西方刑事诉讼传统的形成——以中世纪"非理性"证据、审判制度为中心》，《刑事法评论》，2010年第1期，第330页。
[5] [美]哈罗德·J.伯尔曼：《法律与革命（第一卷） 西方法律传统的形成》，贺卫方等译，法律出版社，第333页。

过程中形成的公共知悉进行判决。换言之，刑事案件的决策只能基于官方途径获取的知识与信息，证人所提供的私人知悉必须通过法官履行公共职务的证据调查完成个人知悉到公共知悉的转变，才能成为刑事审判最终事实认定所依据的信息。

二、证人作证提供私人知识的要求

在刑事案件中，证人作为信息提供者被允许提供的个人知悉被限定在需要被证明事项的直接感知中，即禁止将口头传闻作为证据使用。如《加洛林纳刑法典》规定，证人所作证的内容必须是基于其真实的经历和知识[1]。中世纪教会法学家对直接感知到的知识极为重视，认为只有当法官直接感知到需要被证明的事物时，才能获得正确的事实认定或者确定性的证明[2]。这种对感官知觉在事实发现中的强调从法官延伸至对证人所提供的私人知识的要求：证人只能就其感官所直接感知的内容作证，因此只能向法官传达自己对事物的观察与感受，如果传递给法官的信息是转述他人对事实物质的观察，那么就不被认为是真正证人。这种口头传闻属于"由感官揭示的真相的间接指示"[3]，法官不应相信这些"间接指示"的载体，而是应该寻求口头传闻来源者的证词。

在神明裁判消亡之后，刑事司法对证人证言的要求进一步限缩，将上述口头传闻禁止的要求与直接证据制度结合，对证人个人知悉内容要求演变为证人所陈述的不仅仅是他亲眼观察到的直接认知，还必须包含案件的全部和大部分事实[4]。在罗马教会法所构筑的证据阶级中，相较于直接证据，情况证据[5]处

---

[1] 本章节对《加洛林纳刑法典》条款的引用基于 *Prosecuting Crime in the Renaissance：England，Germany，France* 一书中对法典部分内容的英文翻译。参见 Langbein, John H：Prosecuting crime in the renaissance：England，Germany，France，Harvard University Press，1974：259-308.

[2] Mirjan Damaška：Evaluation of evidence pre-modern and modern approaches，Cambridge University Press，2019：28.

[3] "Per auditum auditus non percipiatur veritas sensum, sed solum quaedam relatio veritatis." Prospero Farinacci，Tractatus Integer de Testibus，qu. 69 no. 5（Osnabru̇ck，1678）. 转引自 Mirjan Damaška：Evaluation of evidence pre-modern and modern approaches，Cambridge University Press，2019：31.

[4] 侣化强：《形式与神韵：基督教良心与宪政、刑事诉讼》，上海三联书店，2012年，第87页。

[5] 英美证据法往往将情况证据和间接证据等同或者混用。我国证据法所指间接证据多为与案件事实有间接关联的实物依赖性证据、材料，这类证据也有可能被人为改变或伪造，没有包含英美法系中的广义情况证据中的事实证据，也即用于辅助证明的案件主要事实的事实证据。此类证据是自然形成的材料、事实或者已经蕴含在间接证据、直接证据之中的客观存在，不能被人为改变。

于一个较低的地位,这同时也是罗马及教会法主流学说的一大特征①。情况证据地位低下的原因在于,证据事实由人为能直接感知到的证据进行证明,是证据本身所披露的事实,而待证事实则需要通过证据事实进行推理来证明。直接证据的证明路径具有单一性——对证据本身所包含的案件事实信息进行揭露,而情况证据的证明路径更为复杂,存在一种"特殊的推论"②——从证据到证据事实,再从证据事实推论至争议事实。而人们普遍认为,推论是不可靠的,基于直接证据所获得的事实优于推论。因此,直接证据如口供及涵盖大部分案件事实的目击证人的证言优于情况证据,构成中世纪欧洲法定证据制度的基础逻辑。

三、私人知识公共化途径

通过法官在审前或者庭审中履行其职权进行证据调查,是将证人的个人知悉转变为判决基础的公共知悉的基本途径。为保障法官的个人知悉不融入判决,纠问式司法严重依赖书面程序,形成卷宗制度,没有得到记录的程序行为是无效的,而法官的判决也必须建立在书面记录的基础之上。审判法院或接受"卷宗移送"的法院,仅仅根据预审法官的卷宗作出判决。在大多数正式的常规诉讼程序中,审判法官本人并不亲自审讯证人,其判决主要基于法院中下级官吏对证人、被告人进行审讯的书面记录。早在13世纪前期,诉讼程序必须通过书面记录,被告需要以书面形式回应控方,询问证人也以书面方式进行。因此,个人知悉转变为公共知悉之后,已成为法官公共知识的证人证言的第二个运用要素出现:为寻求权威化判决,书面形式是公共知悉的转移方式与载体③。

以《加洛林纳刑法典》为例,证人需要专人进行审查并进行书面记录。在确定两名审查员之后,他们应当与法官、法院书记员一同,依法认真获取证人证言。法官应确定召开获取证词的日期,在证词的获取过程中,他们应特别注意证人提供的证词前后是否一致,以及证人的行为细节。对于已获取的证人证

---

① Shapiro Barbara J: Beyond reasonable doubt and probable cause: historical perspectives on the Anglo-American law of evidence, University of California Press, 1991: 202.

② Jeremy Bentham: rationale of judicial evidence, specially applied to English practice, 7vols, Russell and Russell, 1962: 2.

③ [美]哈罗德·J. 伯尔曼:《法律与革命(第一卷) 西方法律传统的形成》,贺卫方等译,法律出版社,第330页。

言，允许双方当事人以适当的形式提出书面反对意见和辩护，审查员或代表应尽快将所有这些书面记录转交给授权其进行上述听证的当局，然后该当局应将他们的拟议判决发送给负责上述未决诉讼的法官，说明在上述案件中应如何裁决。

四、纠问制中的证言收集与调查程序

12 至 13 世纪，欧洲大陆新型司法程序产生，法庭上的权力关系产生巨大变化，教会及国家官员在刑事诉讼的启动和庭审中取得了更大权力，扮演着更为积极的角色[①]。在这一时间段，社会不再认为应当仅依靠犯罪受害者作为私人检察官主动地提出刑事诉讼，旧的私人指控式诉讼已不适用。纠问程序成为通常的诉讼模式，使公共当局有权主动提起刑事案件。私人启动的控诉式诉讼显现出弊端，原因主要有二：一是很多犯罪行为都是隐秘进行的，仅依靠控诉者个人收集证据，在数量和证明力上很难满足定罪要求；二是私人指控不能成立时，指控者面临"反坐"危险（控诉者要承担败诉风险，如果无法证实控告，其本人将被视为虚假控告而遭到严厉惩罚）。这样的诉讼机制无疑造成很多罪犯因为没有人敢于提起诉讼而逍遥法外。

由此，一种新的诉讼方式逐渐进入人们的视线：由国家主动启动诉讼程序，对可能存在的犯罪行为进行调查，通过审判实施惩罚。这种新的诉讼方式被称作纠问式。纠问式诉讼最早在 12 世纪末为教会法庭所采用，其目的在于镇压宗教异端。1215 年，英诺森三世主持召开的第四次拉特兰宗教会议，在废除神判的同时对纠问式予以肯定。随后，纠问式的诉讼模式开始被广泛地运用于教会法院并扩展应用至世俗法院。

1670 年敕令则代表着纠问式诉讼在法国的成熟。1670 年教会维持了将程序分为调查和审判两大部分的传统，程序的秘密性也被严格遵循。在调查阶段，证人应秘密且单独作证。除非罪犯当场被抓获，否则诉讼程序第一步往往是传唤证人，由官方人员单独和秘密地进行讯问，并将证词记录下来。这些证词随后提交检察官，由他决定起诉理由是否充足。如果检察官决定继续诉讼，被告人就会被传唤，或者在罪行严重的情况下被逮捕，并由法官在宣誓后进行

[①] [英]罗伯特·巴特莱特：《中世纪神判》，徐昕、喻中胜、徐昀译，浙江人民出版社，2007年，第 185 页。

询问，问答内容也像诉讼程序的其他部分一样，被仔细地记录①。

在特别程序中，证人与被告人的对质程序作用有限，证言确认程序侧面变成增强证言可信性的程序。在调查阶段作出陈述的证人将被第二次传唤，再次作证以确认其先前证言，并在宣读书面证词及宣誓后被带到被告人面前。作为被告人第一次有机会了解对他的指控及相应证据，对质本是纠问式程序赋予被告人自我辩护的机会，但是被告人仅允许对证人的可信度提出异议，且必须在向他宣读该证人的证词之前提出。在这种信息极度不平等情形之下，对质程序几乎沦为一纸空文②。这种证人证言的异议先于证人证言给出的模式，将证人证言的可信性事先转换为证人资格，证人证言的可靠性与合法性混同。此外，若证人在任何实质性方面对证词中的陈述进行改变，将被认定为犯下伪证罪并可能被处死刑，因此证人具有强烈撒谎动机，被告人通过对质打破证言的概率非常小。

到了16世纪中叶，欧洲大陆的刑事诉讼程序已经确定，除了异端起诉外，被告人有权在法庭上与对他不利的证人对质并与控方面对面接触。然而，这一权利不包括对控方证人的盘问，甚至不包括在证人作证时听取他们的证词③。欧洲大陆刑事诉讼程序把审问、听取和审查证人的能力从被告人身上移除，而把该能力赋予法官。在审判阶段，将证人证言及被告人与证人对质的详细记录呈现于法官面前，对案件的审理具有决定性作用。被告人虽然允许在庭审中发言并为自我辩护，但是由于当时应用的法定证据制度，被告人的口供及两个证人证言即构成完整的证明，被告人自我辩护的收效甚微。实际上，实践中也不是所有证人都会与被告人对质，只有那些愿意对质的证人才会与被告人对质。被告人在诉讼中处于被动地位，甚至不能传唤有利于他的证人来直接证明自己无罪④。

由此观之，中世纪欧洲大陆的诉讼程序中心并非在庭审，与同时期英国所形成的一方在法庭上证明另一方试图推翻指控的模式大不相同。纠问制的中心在于庭前将包括证人证言在内的各种证据信息通过官方渠道转变为公共知悉，

---

① [法]贝尔纳·布洛克：《法国刑事诉讼法》，罗结珍译，中国政法大学出版社，2009年，第39页。

② Lowell, A. Lawrence: The judicial use of torture. part I, Harvard Law Review, 1897（4）: 223.

③ Herrmann, Frank R., Brownlow M. Speer: Facing the accuser: ancient and medieval precursors of the confrontation clause, Virginia Journal of International Law, 1993（34）: 541.

④ A. Esmein: A History of Continental Criminal Procedure, trans. by J. Simpson, Boston, Little Brown & Company, 1913: 154.

并以书面记载，庭审是一种对法院业已形成的判决进行仪式化的宣判。正因如此，《加洛林纳刑法典》采用了一种"戏剧化"的宣判方式：设定公开的宣判和行刑的"法律日"，有学者甚至认为这种形式类似于"戏院"（theater）[1]。

五、新职权主义中证人调查方式调整

在漫长的中世纪，欧洲大陆的哲学、政治意识形态及法律思想几乎完全被基督教神学覆盖，即便是对中世纪刑事诉讼影响颇深的血罪观念，也仅是其基督教神学理论体系的一部分。然而，在历经科学革命和启蒙运动之后，欧洲大陆的法学思想逐渐从基督教神学的桎梏中走出，走向人类理性的澄明[2]。16世纪末至17世纪初，在反宗教改革运动中，自然法理论有了新的突破。它从神的全善推论到在自然秩序中的人的理性，并发展到人的意志，认为这是自然法基础，由此发展出以自由与平等为核心的自然权利理论。17世纪荷兰哲学家格劳秀斯将自然权利定义为一种自我拥有的、可以想象与上帝意志分离的东西，在没有宗教帮助的情况下人们也可通过自我的个人权利来建立社会生活的契约基础[3]。对这些权利的辩护成为人类必需，即由理性所发现的人类本身拥有权利可反抗试图抑制这些权利的政府和司法等社会制度[4]。

随着自然权利观念的树立，18世纪晚期，一些欧洲国家逐步禁止刑讯，而法国大革命见证了纠问制的崩溃。短时期内欧洲的审判转变为公开与对抗的程序，被告人远离刑讯，对犯罪的侦查权从法官手中剥离[5]。法国的改革家将英国长期实践中已经运行了长达百年的陪审团制度视为刑事司法制度的新模式。在旧的审问制度中，调查法官和审判法官要么是相同的，要么是审判法官

---

[1] Langbein, John H: Prosecuting crime in the renaissance: England, Germany, France, Harvard University Press, 1974: 188.

[2] 刘毅：《现代性社会理论视野下的宏观比较法学》，《国家检察官学院学报》，2022年第4期，第103页。

[3] 龚刃韧：《格劳秀斯对自然法和自然权利理论的影响——现代人权观念的思想起源》，《人权研究》，2023年第1期，第46页。

[4] 登特列夫：《自然法：法律哲学导论》，李日章、梁捷、王利译，新星出版社，2008年，第15页。

[5] A. Esmein: A History of Continental Criminal Procedure, trans. by J. Simpson, Boston, Little Brown & Company, 1913: 402.

根据调查法官的档案以"法定证据"规则判决案件，几乎从未与被告人面对面①。贝卡利亚曾对程序公开与公共舆论对权力的制约进行了总结，认为审判应当公开，犯罪证据应当公开，以便使舆论约束强力和欲望②。

欧洲大陆的程序制度的发展具有趋同性，在欧洲各个国家，审判程序的趋势与其说是本质上的差异，不如说是共同的特点。刑事诉讼程序制度的发展不可避免地带来了包括证人在内的人证调查方式的转变。各司法管辖区都转向公开审判制度，调查当局对收集与确定指控有关的所有证据和对案件进行起诉负有主要责任，法官被要求司法独立。关于向法官出示证人证言的方式，法律制度一致要求将所有证据，无论是对被告人有利还是不利，都提交给法官，并在公开的庭审中进行人证调查。这些发展都在某种意义上代表了刑事诉讼的"主观主义"，允许案件的个别化和区分。为了防止误判，法官必须控制诉讼程序，并负有完成评估证据和确定指控的个人和道德责任。

作为现代民主国家发展进程的步骤之一，19世纪欧洲大陆传统的刑事司法程序发生了根本性转变。以两个目击证人规则为代表的法定证据制度被取消，诉讼中证人的调查重点从审判前转移至庭审中，要求进行公开口头审理。当今许多被视为极具价值的刑事诉讼原则在该阶段得到学者的详细阐述与论证，获得现代法治下的正当性并在司法实践中得到认可。费尔巴哈等法学家强调公开审讯的重要性，广泛批评强调诉讼审前阶段的法国诉讼制度，因为法国改革赞成强调审前调查，而忽视必须将证据直接提交给法官或事实调查者的即时性原则（the principle of immediacy）③。因此，尽管欧洲大陆各国家均废除法定证据制度，将司法机关从严格的证明规则中解放出来，但即时性原则并没有被一致接受。

该种分歧本质上依然是对传统问题回应的分歧：如何将证人所拥有的私人知悉转变为刑事诉讼中事实裁决者可据以裁判的公共知悉。这个问题的回答与将证人证言等证据传达给事实裁定者、在庭审中对证人证言进行调查所采用的方式息息相关。而即时性原则或直接原则要求将所有证据直接提交至法官或者事实认定者面前，反对官方干扰法官与证据之间的关系，让法官、检察官、被

---

① Kunert, Karl H: Some observations on the origin and structure of evidence rules under the common law system and the civil law system of free proof in the German code of criminal procedure, Buffalo Law Review, 1966（16）: 144.

② 施鹏鹏：《贝卡利亚刑事诉讼思想论略》，《暨南学报（哲学社会科学版）》，2008年第3期，第44页。

③ Jackson, John D., Sarah J. Summers: The internationalisation of criminal evidence: beyond the common law and civil law traditions, Cambridge University Press, 2012: 67.

告人观察并参与证人等证据的庭审调查与利用。此外，沿袭纠问制中需经由法官将证人的私人知悉转变为公共知悉的路径，欧洲大陆依然将证人视为法官的证人，法院依职权调查的义务包括主动优先调查和使用原始证据方法而非"替代品"的书面证言的证据方法。

最终1808年以法国《重罪审理法典》为代表的一系列刑事诉讼改革引发了欧洲各国对审判阶段刑事诉讼原则的热烈探讨，费尔巴哈于1813年著书《论司法的公开性及其言辞性的保证》关注到德意志刑事诉讼改革的必要性。1849年《帝国宪法》出版，刊载了控辩原则与公开口头原则。1877年《德国刑事诉讼法典》的制定使得以上原则获得普遍性的接受①。被告人、证人是否出庭不是直接言词原则所要求的本质内容，真正决定是否以直接言词的方式进行审判的标准是诉讼主体能否以"生动鲜活的语言"进行实时的追问和补充发言，能否在人证之上完全地、尽最大可能地、充分地展开案件细节。同时，直接言词原则也是对尽可能接近案件事实的最佳证明的要求②。直接言词原则保证了基于法官个人而非所谓"基于法院"的司法独立，保障了法官作为实际的、不可替代的审判者的诉讼主体地位，避免了像欧洲几百年前的纠问式诉讼那样，庭外之人以间接和书面的方式成为实际的裁判者。

基于欧洲大陆各国国内法对证人实行口头及直接的庭审调查保障，《欧洲人权公约》又进一步规范要求各缔约国的刑事诉讼程序中公民享有公正审判权，被告人享有要求证人出庭作证及对质的权利，即公约第6条第3款（D）项提出，被告人有权询问不利于他的证人，并在相同的条件下，使有利于他的证人出庭接受询问。该条款是证人出庭作证的基础要求，同时赋予被告人与出庭证人对质的权利。对此，欧洲人权法院通过案例建立了证人出庭的检验规则，一共分为三个步骤判断缔约国的刑事诉讼程序是否违反《欧洲人权公约》的规定：第一，允许证人不出庭并接纳未经证实的缺席证人证言作为证据的理由是否充分；第二，缺席证人提供的证据是否是被告人定罪的唯一或决定性证据；第三，为补偿使用未经对质的证据而给辩护方造成的障碍，是否提供强有力的程序保障等制衡因素以弥补审判的总体公正性。

---

① ［瑞士］萨拉·J. 萨默斯：《公正审判：欧洲刑事诉讼传统与欧洲人权法院》，朱奎彬、谢进杰译，中国政法大学出版社，2012年，第34页。

② 李文伟：《论德国刑事诉讼中直接言词原则的理论范畴》，《山东社会科学》，2013年第2期，第136页。

第四节　表象与解构：证人调查模式差异之影响因素

无论是刑事诉讼构造还是刑事政策的选择，都不是随心所欲的，而是有着深刻的社会历史文化"基因"。制度形成的逻辑是历时性而非共时性的，离不开社会的惯例、习惯、道德和风俗等非正式的制度[1]。通过制度史叙事及分析说明，用书面或者口头方式对证人证言进行调查，以及直接言词原则和传闻证据规则的确立和持续发展，是一个将证人的私人知悉转化为作为判决基础的公共知悉的处理方式，是为了回应诉讼程序与司法实践的一系列变动，甚至对证人调查方式的选择反过来也形塑了不同的刑事审判模式。这些变动从不同侧面为各类证人调查模式提供了发展的动因。

一、诉讼程序阶段分化对证据信息公共化处理方式的影响

（一）集中型诉讼程序

英国审判形式体现为一种集中型诉讼，没有形成在庭审前全面负责调查事实与为开庭准备证据的官方机构，该项任务由双方当事人承担。他们在法庭审判之日带着未经事先分析核查的"崭新"证据来到法官及陪审员面前，提出自己的诉讼主张。此类诉讼形式未有完备的侦查卷宗，法官仅负责维持庭审秩序以及适用证据规则。因此在集中型庭审中，证据集中于"当庭诉辩式"审判中被采信，这是裁判者获得案件事实相关信息的唯一形式[2]。所有与案件有关的信息都需在庭审中诉讼各方面前提交给裁判者，所有的信息都需要接受当事人对抗式证据调查的"过滤"需求。事实认定者可以接触到的证据信息必须来源于当事人提供的信息渠道。

首先，庭审对事先未受审查的证据作出裁判，接受原始证人证言作为"新证据"，由此产生以交叉询问为代表针对复杂而多变的新证据的处理方式。在没有卷宗铺垫的"即日审判"中，对案件相关事实"一无所知"的陪审团作为

---

[1] 苏力：《制度是如何形成的》，北京大学出版社，2007年，第53页。
[2] 米尔建·R. 达马斯卡：《漂移的证据法》，李学军、刘晓丹、姚永吉、刘为军译，中国政法大学出版社，2003年，第81页。

事实认定者，在庭审中面对崭新又陌生的证人等证据材料如何在短时间内作出裁判。在这种背景之下，无论是从维持法庭秩序还是高效发掘事实，对各种不稳定、易变的口头证据的庭审调查规则与技巧的发展都是极为必要的。正如前文所言，随着陪审团从知情到不知情性质的转变，证人的私人知悉需要在公开庭审中进行公共化的转变才可成为判决的信息基础。而在这种公开庭审的演进中，为防范伪证的风险，平衡控辩双方的力量，律师加入刑事庭审并成为一股不可忽视的力量，在提升整个庭审处理复杂多变的证据信息能力方面做出了卓越贡献。大多数证据仅在庭审时进入事实认定者以及对方当事人视野，这种庭审的不确定氛围促使证据调查技巧的迅速发展——在早期民事审判中，英国司法实践已确立交叉询问的做法，在允许律师介入后也被迅速带入刑事法庭[①]。

其次，集中型庭审要求提供法庭的证据材料被限制在可控范围之内，证据材料必须经过筛选，防止过多的信息或者危险的信息阻碍事实认定者在短时间内进行事实判断。普通法系由此生成了限制证据材料进入刑事诉讼的程序设置，并且其证据法也集中于处理与案件有关的信息来源传达至陪审员前必须满足的关联性等要求。而面对如传闻证据来源存在缺陷的信息，普通法系发展出排除为主的证据规则作为预防措施抵消其风险。如果可以自由采纳二手材料，受不利影响的当事人没有时间与机会去寻找最初陈述人并将其带至庭前接受询问。另外，因为没有官方卷宗，普通法系无法像大陆法系一样将出庭证人的证言与庭前记录的书面证词相比较，以判断其可信度。为此需要发展法官及陪审员询问出庭证人的有力机制。

（二）片段式诉讼程序

正如达马斯卡所言，沿袭罗马法片段式诉讼程序中的证据处理方式，现代大陆法系国家的刑事诉讼依然受到庭审前制作的官方卷宗的极大影响，并成为事实认定者最基本的信息来源[②]。片段式诉讼程序与英国的集中型诉讼程序相对，法官在庭审中作出判决只是整个诉讼程序的阶段之一，诉讼程序还宽泛地涵盖审前对整个案件进行的证据收集活动及上级法院对判决的复审，法官判决的主要信息并非源自庭审活动本身。

一方面，片段式诉讼程序源自多层级的司法机构的设置，并发展出通过卷

---

① 米尔建·R. 达马斯卡：《漂移的证据法》，李学军、刘晓丹、姚永吉、刘为军译，中国政法大学出版社，2003年，第95页。

② 米尔建·R. 达马斯卡：《漂移的证据法》，李学军、刘晓丹、姚永吉、刘为军译，中国政法大学出版社，2003年，第96页。

宗记录刑事司法各类活动的需求，以保障刑事审判结果能够通过上级机构的审查。欧洲大陆的刑事程序极大地受到教会法影响，并且中世纪教会在政治与封建社会中占领统治地位，逐渐建构出等级化官僚的国家结构雏形。源于教会确保各级统一决策的雄心，以及防止下级法官可能滥用权力的愿望，刑事诉讼的突出特点是拥有一个多层级的司法机构，需要不止一个层级的权力机构来维持等级控制，以确保罗马教会中心所制定的政策由分散在欧洲各地的教会法院执行。在世俗世界，从13世纪法国培养等级森严的职业法官队伍，到16至17世纪君主专制获得巩固，多层级的司法组织的模式也占据欧洲大陆的主导地位[①]。与此相对，刑事案件初审的结果将受到上一级审查，所有法官必须保存其所有能够证明其判决适当性的依据材料，由此催生出对刑事司法活动的书面记录需求，确保官方的公务活动痕迹能够被保留。案卷变成了传递官方活动记录的生命线，所有的程序被整合为一个有独特价值的整体。

另一方面，因为不同层级的司法机构在诉讼各片段的活动拉长了刑事诉讼的运作时间，由此需要对复杂运行环境中的取证活动进行完备记录，以防止不稳定因素的出现。就事实认定而言，通过固定审前阶段的证据调查的内容，可以在庭审准备过程中"唤醒"程序参与者的早期记忆。审前阶段的卷宗内容甚至在开庭前已经成为判决形成的基础。以《加洛林纳刑法典》为例，法律日的判决其实早已做出，审判只是仪式化的流程。在该公开的法律日之前这些法官、陪审法官和裁判者已私下会见，相互讨论，决定他们意欲作出的判决，以便随后在终审法律日上毫不拖延地宣布上述判决[②]。此外，片段式诉讼在第一次审判之后还设立上诉审查制度，上级法院的法官可以对下级法院的判决进行审查，因此降低了初审法院对证据信息来源进行仔细筛选的重要性，大陆法系并不要求裁判者严格使用一手证据，更加注重证据是否得到其他证据的补强，以证明判决中事实认定的正当性与合理性。

正因如此，欧洲大陆的法律传统需要使用卷宗留存法官等官员在程序中的活动痕迹与内容以备上级审查，也通过卷宗将广泛分散的程序步骤加以整合，卷宗自然而然成为庭审事实认定重要的信息源。在刑事庭审中对证人采取书面调查，在庭审前通过卷宗固定证人提供的信息与相关程序事项，通过书面程序实现证人的私人知悉到公共知悉的转变，同时避免了证人在庭审中作为"新证

[①] 米尔伊安·R. 达玛什卡：《司法和国家权力的多种面孔》，郑戈译，中国政法大学出版社，2004年，第50页。

[②] Langbein, John H: Prosecuting crime in the renaissance: England, Germany, France, Harvard University Press, 1974: 288.

据"呈现的可能引发的问题。虽然依据卷宗进行事实认定的做法在法国大革命期间备受抨击，但是它在改革后依然延续。法国大革命后以德国为首率先设立了直接言词原则，欧洲大陆国家在现代立法中要求即便审前证据已被官方机构调查并书面记录，但是，只有当庭提出的信息才能作为事实认定及刑事判决的依据。然而法律条文的改变并没有撼动法院依赖官方卷宗的旧习，"书面证据的帷幕只是从审判程序中部分地被升起：事实审理者继续从以前的取证笔录中寻找出路"[1]，仅根据出庭证人等当庭提出的证据对事实进行裁判在大陆法系国家中依然是少见的。

最终，证人证言以卷宗等书面形式成为法庭的信息来源的法律传统，亦造成了大陆法系国家忽视对庭审证人调查技术的提升。证人证言以书面形式呈交给事实认定者，可消除事实认定者在庭审中面对不可捉摸、多变的证人的压力。证人被视为一种不稳定因素，审前证据调查的记录，特别是证人对案件事实的陈述，可被用来维持庭审的证据调查活动的平和，替代证人的当庭质证或固定证人的作证内容。因此，欧洲大陆国家并未像英国一般建立起交叉询问等处理庭审新出现信息的技术基础，反之形成弱化当事人提出出示原始证据的传统态度。

二、庭审证人调查程序控制主体

（一）当事人控制

普通法系刑事诉讼的集中型诉讼程序要求诉讼各方对出示的未经事前调查的庭审新证据进行高效回应，在庭审开始之时无论是法官还是陪审员都处于信息弱势地位，对各方即将出示的证人等证据手段了解甚少。而控辩双方在官方力量或者律师的帮助下，都采取最有利于自身的策略收集、整理证据并向法庭提供。作为信息源的证人很难与将他作为本方证据的当事人一方在事实认定的判断中完全分离，由此也产生了"控方证人"与"辩方证人"的概念区分。对于各方证人，控辩双方甚至会在庭审前对证人在交叉询问中可能出现的问题、在证人席上的行为举止进行指导，以便在作证中更有利于己方利益。在这种背景之下，法官在庭审证人调查程序中传唤证人或者询问证人的权力虽未被限制，但是往往并不愿意主动对程序进行控制。介入双方相互对立的竞争性事实

---

[1] 米尔建·R. 达马斯卡：《漂移的证据法》，李学军、刘晓丹、姚永吉、刘为军译，中国政法大学出版社，2003年，第98页。

认定活动不仅欠缺信息基础,也很难找到不偏不倚的中立地位。

以各方当事人作为庭审证人调查的主体能更好地挑战对方的信息来源,降低竞争式事实认定模式存在信息误导的风险。在以证人作为陪审团事实认定信息来源的庭审中,给予双方平等的机会对对方提出的证据进行质证至关重要。因此交叉询问作为被告人对质权实现的基本方式极具价值,对证人刨根问底的责难式询问在大陆法系中难以见到。使用书面或者口头传闻证据,将被视为打破双方势均力敌的均衡检验证据机会,而阻止不公平正是传闻证据排除规则的价值之一。另外,出于对胜诉的渴望,一方当事人在掌握原始证据的情况下依然有可能在庭审中出示传闻等派生证据。因此,对传闻证据的限制也是从侧面要求诉讼各方尽力寻找在认识论意义上更加优质的原始证据,并限制各方为给陪审团留下印象等利益驱使下舍弃原始证据而出示传闻证据的情形。

(二) 法官控制

片段式诉讼程序中对卷宗的依赖导致法官作为大陆法系中的事实认定者,往往在庭审之前已通过官方书面记载了解案件信息,可根据卷宗梳理庭审争点,处于更好主导庭审的信息优势地位。大陆法系随之逐渐形成了法官控制证据调查过程的法律传统,在决定证人出庭、控制发问流程等方面都拥有主动性。

在中世纪欧洲,对法庭证据调查的职权控制体现出程序化、仪式化的特征,因为正式庭审仅仅被视作一种预决判决的宣告仪式。如《加洛林纳刑法典》规定,在审判之前,控告人和被告人可以以书面形式对书面证人证言提出各自的反对意见或者抗辩,审查员或代表应尽快将所有材料转交给授权他进行听证的当局,然后当局应将他们的拟议判决发送给负责未决诉讼的法官,说明在案件中应如何裁决。而在审判之日,法官下令由行刑者和法院工作人员将被告人带至庭上,开始陈述控辩请求:应控告人的请求,在控告人的面前对被告人进行仪式性的告发与辩论[①]。

在罗马—教会法证据制度与纠问制被废除后,虽然大陆法系各国对庭审证人调查的处理各不相同,但是基于对法定证据制度的排斥以及长期以来诉讼制度存在的相似的法律文化与思维习惯,仍然能从各国实践中总结出两大共性特质。

其一,大陆法系国家将仪式化的庭审向实质化庭审转变。法官将庭审证人

---

① Langbein, John H: Prosecuting crime in the renaissance: England, Germany, France, Harvard University Press, 1974: 289.

调查的程序控制权作为传统惯性被保留，但是该种控制由呆板的仪式程序控制转变为更为实质的调查控制，以更好地服务发现真实的目的。与普通法系存在的"控方证人""辩方证人"的竞争性事实认定特征相比，大陆法系法官对庭审证人调查的介入更深，证人被视为一种中立的证明手段，被认为是"法庭的证人"或"法官的证人"。证人成为法庭的中立信息来源，并不分派给某一方的当事人，法官据此可以使用客观中立的方式展开调查。在庭审中大陆法系的证人质证活动相对温和，对于质证的对抗程度要求较低。欧洲大陆对于抗辩一词的理解也因此比普通法系国家更为宽松：法官可以单独听取一方当事人的辩论，并随后再单独听取另一方当事人对此的反馈。只要一方当事人有机会对另一方当事人的证明、辩论有反驳、评论等发言机会，就满足欧洲大陆"抗辩式"程序的要求，而不要求双方必须同时在场[1]。

其二，在汲取纠问制程序的教训之后，欧洲大陆树立的直接言词原则集中体现在抵制官方卷宗成为判决事实认定的唯一或者最重要来源之上。与普通法系设立传闻证据排除规则对口头及书面派生证据的排除相比，直接言词原则倾向于反对由国家追诉机关等官方权力介入的派生证据[2]。如在中世纪的欧洲，强势的国家机关为了实现成功追诉，通过酷刑获得的审前调查所形成的证言笔录、被告人供述等书面记录不仅可信度存疑，而且往往伴随着对人权的践踏。

三、证人调查模式之总结

无论是普通法系还是大陆法系，对待庭审证人的处理方式都受到诉讼程序阶段化划分以及庭审证人调查程序控制权分配两大因素影响。虽然近年来两大法系的诉讼风格之间的差别逐渐缩小，大陆法系国家已抛弃以纠问制为代表的极端的片段式诉讼，而普通法系的审判也增加了证据开示等审前活动，完全的集中型诉讼程序特征也逐渐消散，但是，不同程序特性下所形成的思维习惯依然对各法系国家的庭审证人调查规则的形成具有解释性价值以及持续的影响。

（一）证人调查的逻辑梳理

在普通法系国家，基于集中型诉讼程序对作为庭审新信息来源的证人高效

---

[1] 米尔伊安·R. 达玛什卡：《司法和国家权力的多种面孔》，郑戈译，中国政法大学出版社，2004年，第204页。

[2] 初殿清：《直接言词原则的双重价值维度及其在我国的适用》，《法学杂志》，2014年第10期，第122页。

调查需求，刑事司法对口头形式的传闻或者书面形式的证人证言持拒绝态度，出庭证人成为法官认定事实的最主要来源之一。由于开庭前法官与陪审员对控辩双方所掌握的证据几乎没有任何了解，处于信息劣势地位，因此将庭审证人调查的控制权分配给控辩双方才能在短时间内高效完成证人调查。在诉权控制的庭审证人调查程序中，重视当事人与证据之间的关系，通过传闻证据排除规则要求证人出庭以保障各方当事人的对质权。在证人角色上，证人被认为是带有为当事人某一方利益而作证的主体，为防止一方提出的伪证或者不可靠的信息成为事实认定依据，普通法系重视控辩双方对对方出示的证人进行核查的平等机会，并发展出以交叉询问为主的庭审证人调查技巧，质证的对抗性要求较高。

在大陆法系国家，基于片段式诉讼程序对卷宗记录需求传统，刑事司法中书面证人证言不必然排除使用，允许作为补强证据等方面发挥作用[1]，成为法官认定事实的信息来源之一。正如现代德国刑事诉讼法规定，书面证言一般是可采的，直接原则要求证人当庭证言比庭前证言笔录更具青睐，原则上不能被后者替代，但是该规则存在诸多例外[2]。而基于通过庭前阅卷，法官在庭审中具有证据调查的信息优势地位，成为庭审证人调查的程序控制主体。在职权控制的庭审证人调查程序中，更加重视法院与证据之间的关系，通过直接言词原则要求法官对原始证据进行直接接触调查，追求"法院与证据间的无障碍"[3]。法官的职权要求主动优先调查和使用作为原始证据方法的证人而非"替代品"的书面证言的证据方法。在证人的角色上，因大陆法系片段式诉讼具有悠久的审前官方对整个案件证据收集、处理的传统程序设置，证人被视为中立的信息源，庭审证人调查相对平和，质证的对抗性要求较低。

（二）不同法系的对质要求区别

就对质而言，普通法系的对质权主要要求为控辩双方提供平等机会以查验对方证人，对庭审证人调查的质证技巧要求更高，从结果上有利于保障真实的发现。通过交叉询问等方式查验控方证人，首先，可以对对方证人在证言中本身提供的信息进行检验，发现证言中的虚假、夸张等漏洞与矛盾，削弱不可靠证言的可信程度，起到去伪存真的作用。其次，通过观察"鲜活"证人在庭上

---

[1] 林静：《庭审虚化的制度性风险及对抗机制》，《北外法学》，2019年第2期，第52页。

[2] ［德］托马斯·魏根特：《德国刑事程序法原理》，江溯等译，中国法制出版社，2021年，第57页。

[3] 宋维彬：《传闻法则与直接言词原则之比较研究》，《东方法学》，2016年第5期，第25页。

的面部表情、肢体动作等细节，判断证人的心理活动，推测他是在如实告知其个人知悉还是在编造谎言。

对于大陆法系国家，对质的主要作用在于吸取纠问制下侦查机关秘密取证的教训，降低追诉方滥权的可能性，对秘密或者非法取证行为起到震慑或者排除效果。因此，《欧洲人权公约》将对质权放置于公正审判权之下，辩方与不利于己的证人对质可以保障法庭的纯洁性与中立、公正性。通过被告人与证人对质破除侦查获得的庭前笔录对事实认定起到的信息垄断作用，切断侦查与审判的"流水线"运作方式，防止法官在庭审中的事实认定活动沦为侦查提供的信息确认仪式。因此，大陆法系国家对于证人是否出庭接受对质的态度较为宽松，更加注重的是整个诉讼活动中被告人是否有机会实施与控方对质的行为。例如，欧洲人权法院在如何处理被告人举证与质证机会的问题的时候，巧妙地将视野从常见的"证据可采性"问题上挪开，取而代之的是将目光放置于证据如何被"利用"的方式上[1]。对证据的可采性与证明力是各国国内法的事务，只能依靠各国法官来判定有利或者不利于被告人的证据的举证方式，以及诉讼程序的推进方式是否满足公正审判的要求。区分在警察面前作证还是在法官面前作证的意义不大，决定性的点位在于——用作定罪的证言是否有如下特征：被告人是否获得过机会，至少在诉讼的某个阶段与证人质证。更进一步地，欧洲还建立了整体观察法与补偿平衡法，以弥补证人缺席对被追诉人质证权造成的不利影响[2]。

第五节　我国证人调查模式转变

我们从法制史的角度分析并揭示了不同法系的司法制度与法律传统限定了各国或者各地区对待庭审证人调查的基本立场，这些因素孕育并滋养了普通法系与大陆法系庭审证人调查的不同特点。以此为基础，本部分回到我国法制和司法改革语境。当代中国的诉讼程序也处在变动之中，这主要是司法改革的结果。例如，20世纪八九十年代的庭审方式改革，推动了职权主义的弱化和对

---

[1] [瑞士]萨拉·J.萨默斯：《公正审判：欧洲刑事诉讼传统与欧洲人权法院》，朱奎彬、谢进杰译，中国政法大学出版社，2012年，第166页。
[2] 施珠妹：《弥补证人缺席对质证权影响的欧洲经验及启示》，《证据科学》，2022年第5期，第561页。

抗制因素的加强。目前以审判为中心改革、法官员额制与责任制改革、人民陪审员制度改革等，使得诉讼中的权力结构、程序模式持续变动。然而，我国的刑事审判制度在三十多年的成长过程中，虽然不断改革与进步，依然没有培育出通过法庭审理过程形成裁判结论的机制与文化[①]。在这些背景下，沿循上文对普通法系与大陆法系庭审证人调查演进及影响因素的论述，下文主要分析如何在符合我国审判程序设置的基础上合理借鉴域外经验，实现我国实质化的庭审证人调查模式的转型。

一、我国庭审证人调查现状

基于两大法系证人调查的历史演进的探讨与分析，为我们提供了解决庭审证人不出庭、庭审证人调查虚化的路径：如果证人的私人知悉转变为裁判者据以进行事实认定的公共知悉正当途径为公开庭审，证人作为新信息提供者进入法庭，那么对应地需要加强当事人与证据之间的联系，重点保障控辩双方对对方提出的证人进行查证的平等机会与权利，加强高效询问证人的技巧。而如果证人的私人知悉转变为裁判者据以进行事实认定的公共知悉正当途径为卷宗笔录，作为信息优势地位的法官拥有庭审程序控制权，为防止追诉机关滥权，通过制作卷宗对裁决者事实认定职能的不当僭越，需要重点关注法官与证据之间的距离，强调法官直接地接触证人等原始证据。

由此观之，不同的证人调查模式项下细化的具体程序受到不同的法律传统与庭审权力/权利分配影响，各因素像一个生态圈一般相互影响、共同作用，最终在司法实践中表现为不同路径下的实质化庭审证人调查样态。而我国刑事司法缘何始终无法达成在庭审中对证人的有效调查，改进方向在何处，需要与上述因素相对照，从综合的、整体的角度对我国的证人调查相关程序传统进行剖析。

（一）控方卷证信息的优势地位

控方以书面方式提供的证言笔录等信息在我国刑事诉讼中占据优势地位，成为法官等事实认定者"默认"的裁判信息来源。证人证言作为我国《刑事诉讼法》明文规定的证据形式之一，可以通过两种方式发挥作用：一是证人亲自出庭，接受控辩双方的质证；二是证人在法庭之外提供书面证言，并不到庭接

[①] 陈瑞华：《刑事诉讼的中国模式（第三版）》，法律出版社，2018年，第291页。

受质证。但是，我国刑事案件采用"案卷中心主义"的审理方式，证据调查及事实认定依赖案卷及笔录①。一般情形下，证人调查即意味着证人出庭，证人出庭也代表着证人作证并接受质证。而我国法律语境下，证人出庭要符合有异议、对定罪量刑有重大影响、法庭认为有必要三大条件，否则可以不出现在法庭上。法庭对其庭前书面证言调查造成了一种对证人出庭作证和在庭审中对证人证言进行调查的割裂②，"笔录中心主义"导致很多情况下对证人的询问被取代③。

法官在庭审中甚至赋予书面证言优于当庭证言的中心地位。由于庭前证言收集时间离案发时间更近，证人记忆更鲜活、受外部因素干扰可能性较小，且侦查机关的威慑力与询问高超技巧使证人作证的真实性更高，法官普遍认为庭前书面证言的可靠性优于当庭证词④。在我国法庭调查中法官拥有庭审程序控制权，主导证据调查并指挥庭审，法官对控方表现出明显的偏袒，依赖控方书面卷宗中提供的证据信息，对控方的举证要求态度宽松，而对辩方请求证人出庭态度严苛，庭审证人调查过程异化为公诉方单方面的立证过程，庭审沦为对侦控方案卷笔录的审查及确认程序。此外，即使证人出庭，当庭证言也处于边缘化地位，它们唯有被证明较之案卷笔录具有更大的真实可信性，才能为法官所接受。否则，法官还是回到判断证据的常态——优先接受案卷材料的证明力。正因如此，在对证人调查模式未发生根本性改变的情况下，传统的以案卷为中心的审判认知结构造成庭审实质化改革的实际空间与成效十分有限⑤。

（二）辩方查证机会与能力缺失

在我国作为平衡控辩力量差距、弥补辩方对证人证言查证机会的质证权能否实现，取决于法官的权力控制，而非对辩方自我权利的实施。在2021年《最高人民法院关于适用〈中华人民共和国刑事诉讼法〉的解释》实施以前，被告方质证权在法律或者司法解释中没有被明确地规定，司法实践中被告方申

---

① 关于"案卷中心主义"的论述，参见陈瑞华：《案卷笔录中心主义——对中国刑事审判方式的重新考察》，《法学研究》，2006年第4期，第63页。
② 龙宗智、韩旭、张斌等：《司法改革与中国刑事证据制度的完善》，中国民主法制出版社，2016年，第130页。
③ 陈卫东：《反思与构建：刑事证据的中国问题研究》，中国人民大学出版社，2015年，第412页。
④ 胡逸恬：《"事实查明"模式与"权利保障"模式的融合——论证人出庭制度的功能定位》，《法学杂志》，2019年第2期，第117页。
⑤ 魏晓娜：《以审判为中心的诉讼制度改革：实效、瓶颈与出路》，《政法论坛》，2020年第2期，第162页。

请证人出庭作证较为困难。2018年《刑事诉讼法》对庭审证人调查的规定存在逻辑上的矛盾：第一，第六十一条要求证人证言必须经过庭审中控辩双方质证查实以后，才能作为定案根据；但第一百九十五条对证人不出庭持有宽容态度。第二，一方面，证人出庭作为质证的前提条件，第一百九十二条将证人出庭的决定权赋予法官，证人"没有必要"出庭成为拒绝被告人及辩护人提出质证请求的常见法定理由；另一方面，证人出庭后的各方对证人的有效调查是质证权的实质要求，但是第一百九十四条将庭审证人调查的发问顺序、发问方式等具体程序交由法官决定，能否实现高效的证人调查存在疑问。法官根据案件具体情况决定最终证人能否现身于法庭作证，而证人出庭作证与被告人质证权的实现一脉相连。

此外，实践中辩护律师基于现实考量，对于法官主导的证人询问以"配合"为主，难以对出庭证人进行充分询问。法官事实上把控着是否允许证人出庭的"特权"，不仅指挥和控制控辩双方对证人的发问，还较为频繁地实施对证人的询问，法庭审理呈现出较强的职权式特征，一定程度上减少了被告人及其辩护律师询问证人的机会和可能。辩护律师通过庭审活动积极促进事实裁判者接受对己方有利的观点与意见时，刑事辩护才能具有实质效果[①]。在法官主导询问的情形下，律师询问证人的空间有限，辩护权的有效性受到限制，辩方对证人的查证能力受到压缩。

（三）对法官的证人调查方式和方法未进行适当要求

第一，赋予法官程序控制职权，但忽视法官与证据间的适当关系，使公诉方提供的书面证言在实践中的事实认定具有优势地位。与其他通过信息进行认识的活动相比，审判的特殊价值在于受到审判影响的被告人为得到有利决定而可以提出证据、参与辩论。这种内在价值要求在法庭上对所有证据进行"重新调查"，接受庭审检验，这种直接性要求被认为是刑事诉讼的根基[②]。从证人调查模式变迁的角度观察，普通法系强调当事人与证人之间的对抗性，法官处于消极中立地位；而大陆法系强调法官与证人之间的直接接触，当事人之间对抗性较弱。各法系通过调整控、辩、审三方与证人之间的联系以平衡庭审证人调查的权责。反观我国，一方面虽具有大陆法系庭审外观，但是并未强调法官将证人作为原始证据的直接调查方式；另一方面"中国新的审判程序吸收了英

[①] 李奋飞：《论"表演性辩护"——中国律师法庭辩护功能的异化及其矫正》，《政法论坛》，2015年第3期，第77页。

[②] 林钰雄：《严格证明与刑事证据》，法律出版社，2008年，第46页。

美对抗式诉讼制度的一些要素，使得法庭审判中控辩双方的对抗程度大大增强"[1]，但仅是控辩双方对抗程度相对变强，远未及英美等普通法系的对抗强度。由此造成我国在庭审中仅有辩方为其利益有对证人出庭接受质证的硬性要求，而控审双方以庭前卷宗为审判认知来源，无对证人进行直接与言词调查的动力与要求。

第二，赋予法官主导证人询问的权力，但较强的职权特征侧面限缩了控辩双方询问出庭证人的机会与空间。实证调查显示，我国法官在证人调查中发挥主导作用，频繁对证人进行询问，对控辩双方的发问进行干涉，呈现法官控权样态：对证人询问活动发生在控辩双方询问之前，或者询问时机位于控辩双方询问之后，但是询问的内容与广度超过控辩双方[2]。受职权主义诉讼模式的影响，我国刑事诉讼中法官拥有对审判程序的指挥权，控辩双方仅拥有较为有限的程序参与权[3]。对法官的这一职能定位使被告人无法自行开启庭审对证人的质证等调查程序，如控辩双方无法自行传唤证人到庭，向证人的交叉询问需要审判长准许。此外，法官对证人的积极询问挤压辩方对证人实质性质证空间。刑事审判人员保有向证人发问的权力，且通过职权式询问可以随时介入辩方对证人的询问，要求简略发问或者消极对待，被告人的质证权的行使实际上取决于法官态度。

综上所述，我国的证人调查程序，在权责结构上可以概括为地位消极但并不中立的法官＋主导庭审的强职权的公诉人＋权利薄弱的被告人＋作用有限的辩护律师[4]，从事实认定的证据信息角度可以总结为积极介入庭审但没有以直接方式调查证人要求的法官＋通过卷宗实现信息强势地位的控方＋查证机会少及力量羸弱的辩方。在总结普通法系与大陆法系证人调查模式变迁的经验基础上，可以从赋予被告程序启动权、推动权利型质证、引入直接言词原则强化法官与证据关系三个方面对我国控、辩、审三方的证人调查权责进行调整与平衡。

---

[1] 陈瑞华：《刑事诉讼的前沿问题》，中国人民大学出版社，2000年，第338~339页。
[2] 尹泠然：《刑事证人出庭作证与庭审实质化》，《华东政法大学学报》，2018年第1期，第180页。
[3] 郭航：《刑事庭审实质化的权利推进模式研究》，《政治与法律》，2020年第10期，第15页。
[4] 周成泓：《刑事证据调查与诉讼模式——一个回到原点的研究》，《甘肃政法学院学报》，2012年第1期，88页。

二、证人调查模式转型具体进路

（一）证人出庭：赋予被告人程序启动权

我国刑事证人的调查具有职权启动特点，即法官对证人出庭与否起决定作用[①]。法官强势控制证人出庭程序的职权启动模式虽有其现实基础，但是长远看来，该种模式存在固有缺陷：其一，对于控方提供的书面卷宗的依赖使法院对于证人出庭存在审理惰性，法官在职权启动模式下缺乏积极通知证人出庭的动力，甚至认为卷证提供的信息真实可靠，证人没有出庭必要；其二，法官依职权启动证人调查往往意味着证人的传唤由法庭负责，而司法资源紧张，法庭怠于履行传唤义务或者仅在形式上传唤证人，证人出庭率不能保证。

对实质化庭审的证人调查的贯彻与维护需借助裁判权和诉权的共同推动，其中辩方诉权推动的方式为被告人通过行使对质询问权促使证人出庭，并促使法庭对人证进行言词审查。法官询问证人不如当事人亲自询问证人更利于发现真相。通常当事人比较清楚案件发生的经过，容易发现证人陈述与事实不吻合之处，最有可能提出使证人暴露证言破绽的适当问题。因此，被告人更具对证人进行实质调查的现实条件。对证人的功能定位，在为查明案件事实提供信息的基础之上，还需要对证人查证以作为一种抗辩双方平等对抗的手段。与大陆法系国家相似，在我国刑事诉讼依赖卷宗文书的司法传统下，控方提供的文书成为法官的主要信息来源。但是如果不对控方的强势地位进行限制，不给予被告人一方在证据信息提供、查验的机会与力量，那么势必造成控辩双方在庭审中的平衡被打破，不仅不利于法官对全案信息进行筛选以正确认定事实，还不利于保障被告人的对质权等程序性权利，引发控诉方滥用追诉权的风险。

因此，为保障被告人的对抗性诉讼权利，需要在我国司法中赋予被告人诉权启动证人出庭作证的权益，祛除法官在证人出庭范围上的决定权，当事人可自行通知证人出庭或申请法院传唤证人。但是基于我国案多人少、司法资源短缺的现状，对于所有案件一律允许被告人启动证人出庭程序将给司法造成较大负担。可优先在被告人不认罪认罚，或者对可能判处三年以上有期徒刑的重大、疑难、复杂或社会影响较大的案件中赋予被告人决定证人是否需出庭作证

[①] 胡星昊：《从职权启动到诉权驱动——论证人出庭模式之转变》，《政法论坛》，2015年第4期，第76页。

的权利[1]。对于被告人要求证人出庭作证的此类案件，法庭应当通知证人出庭，由此建立"以出庭为原则，以不出庭为例外"的规则，推动庭审证人调查的实质化。

（二）证人质证：推动权利型质证

在刑事诉讼中，证人承载着两种不同类型的价值：其一，证人作为裁决者事实认定的信息来源，从发现真实的角度发挥作用，该价值强调证人与法官等事实认定者之间的联系，需要防范不可靠、可能存在虚假的证据信息；其二，证人本身是诉讼中控辩双方相互挑战对方提供证据信息的工具与手段，尤其是对出庭证人的质证与控辩双方的平等挑战机会息息相关，此价值更为关注控辩双方的力量平衡与程序性权利保障。

对于这两种不同价值的混同将造成改善证人出庭、保障被告质证权等方面建议的关系错位：用改善第一种价值的方式去提升第二种证人价值，或者反过来用改善第二种价值的方式去提升第一种证人价值。如此一来，不仅无助于真正希望得到改善的某类证人价值在司法中的提升，还会造成"徒有其表"的方法建议，出现庭审证人调查虚化，看似方法用尽但改善不明显的困境。例如，将对质权与直接言词原则、传闻证据排除规则混为一谈，认为其功能均可表现为限制庭外陈述进入庭审，具有相同价值。由此认为单纯引入传闻证据排除规则来实现被告人的对质权，实质上是对对质权属性的错位认识[2]。

由此观之，改变证人不出庭的现状，实现庭审证人调查实质化，应当在事实查明这一功能之外，强调证人出庭作证制度等人证调查活动的对质权保障功能，以实现"事实查明"程序与"权利保障"程序的融合，推动权利型质证的发展。

首先，证人现身于庭审调查的正当性依据是保障被告人与证人有效对质的权利，打破我国检察机关通过卷宗对庭审信息的垄断地位。对质权应被视为一种程序性权利的保障，对证人证言可靠性的检验应该通过交叉询问等控辩双方参与的方式进行[3]。有学者认为，人证出庭的主要意义在于保障被告人的对质权，因此人证出庭问题基本上可替换为以被告人对质权为核心的必要人证出庭

---

[1] 李思远：《被告人质证权的法治化建构路径探析》，《国家检察官学院学报》，2022年第1期，第152页。

[2] 郭烁：《对抗秘密取证：对质权属性及范围重述》，《现代法学》，2020年第1期，第57页。

[3] 郭烁：《对抗秘密取证：对质权属性及范围重述》，《现代法学》，2020年第1期，第46页。

问题①。虽然证人出庭可更好地观察证人的言行举止，有利于事实发现，但是不能将这种单纯地提供审判信息作为证人的唯一价值。在信息的真实性方面，我国书面证言有官方权力背书，而证人口头证言具有不稳定性与多变性，仅从"提供可靠信息内容"考量很可能出现审前证言笔录替代当庭口头证言的现象。虽然证人证言的真实性获得肯认，但是证人出庭的内在价值在于保障被告人对质权，弱化卷宗对庭审信息的垄断，彰显法庭审判程序的独立价值。

其次，无论是在职权主义还是当事人主义的诉讼模式中，对质诘问权属于被告人的一项基本人权②。包括《欧洲人权公约》在内的大部分国际性条约以及多数法治国家都将对质询问权作为一项基本权利赋予受到刑事指控的人，并以此作为准确裁判以及被指控者获得公正审判的必要条件。我国应将询问证人作为被指控者的基本诉讼权利，如果证人无正当理由不能出庭作证，法院应当通过排除其庭前陈述予以救济③。在审判阶段对证人采取保护措施时也应坚持比例原则，以不影响控辩双方有效质证为限度，谨慎适用遮蔽容貌、改变声音等作证措施，尽可能不使用"限制发问"手段，最大限度地尊重控辩双方质证自主④。

最后，在对质权保障之外，强化辩护权可以很好地制约法庭随意切换调查方式的权力，提升辩方查证能力。其一，在我国现有的出庭框架下，控辩双方有异议的，法庭觉得有必要，才会通知证人出庭作证。这就使得法庭享有不顾辩方意愿自由选择调查方式的权力，从实现证明实质化的目标来看，这可谓本末倒置。通过律师的有效辩护对证人进行当庭调查，本质上是协助法庭以更优的方式调查事实真相，而不是刁难或阻挠庭审顺利进行，这就使得我国现在的证人调查发生了权力转换⑤。其二，需适度削弱法官依职权在证人调查中主导证人询问的姿态，法官应作为一种补充性的询问角色⑥。在充分尊重法官主导庭审的权力下促进控辩双方对证人进行调查询问活动，保障被告人及其辩护律

---

① 易延友：《证人出庭与刑事被告人对质权的保障》，《中国社会科学》，2010 年第 2 期，第 165 页。
② 王兆鹏：《刑事被告的宪法权利》，台湾元照出版有限公司，2004 年，第 121 页。
③ 孙长永、胡波：《保障与限制：对质询问权在欧洲人权法院的实践及其启示》，《现代法学》，2016 年第 3 期，第 122 页。
④ 韩旭、徐冉：《庭审实质化背景下证人保护制度实施问题研究》，《法治研究》，2019 年第 6 期，第 160 页。
⑤ 李昌盛：《证人出庭难的应对方案》，《当代法学》，2021 年第 3 期，第 101~111 页。
⑥ 步洋洋：《审判中心下刑事庭审证据调查方式的优化》，《社会科学》，2019 年第 10 期，第 100 页。

师对出庭证人的询问空间，确保辩方机会充分且实质性地与证人质证。法官虽拥有对证人进行充分询问的权力，但是不能对控辩双方尤其是辩方的证人质证活动进行干预，控、辩、审三方共同推进庭审证人调查，三者在法庭上对证人的查证活动并行不悖，并由此为法官事实认定提供不同于书面证言的鲜活证人信息。

（三）强化法官与证据关系：引入直接言词原则

与繁复、庞杂的判例法中的传闻证据规则相比，直接言词原则对于成文法系国家或地区更具有借鉴的可行性[①]。我国目前的庭审方式距离对抗式诉讼仍有较大差距，法官在庭审中发挥积极主动作用，对案件事实负有查明义务，更偏向职权主义诉讼架构。因此，形成于大陆法系，旨在规范法官事实认定行为，以推动实体真实发现为目标的直接言词原则更加契合我国诉讼模式与价值理念。

鉴于我国对卷宗的依赖，将庭前侦查机关形成的证言笔录完全排除于庭审难度较大，通过直接言词原则调整证言笔录、证人当庭作证两种不同的信息来源与法官之间的关系是更为现实及合理的进路。我国在2012年修订《刑事诉讼法》时废除了"复印件主义"并恢复了"全案移送制度"，审前程序中形成的卷宗材料得以流向法庭，因此传闻证据规则所追求的"防止庭前预断"和"将传闻证据排除于法庭之外"的主要目的无法实现，传闻证据规则在我国目前的司法制度背景下并没有太大的适用空间。而在大陆法系，法官虽然会接触具有"传闻属性"的笔录证据，但是并不允许法庭调查围绕这些书面材料展开，直接言词原则要求法庭的举证、质证和认证所针对的对象应当是被告人、证人的当庭陈述以及实物证据的展示，由法官进行直接审理和言词审理，以此形成内心确信。审前证据材料只是法官综合了解案情的参考，至多作为弹劾证据和辅助材料使用，原则上不具备证据资格[②]。

因此，适用于我国司法程序的直接言词原则要求事实认定者合理地利用卷宗，审判最终认识来源于法庭上对证人的口头举证、质证所形成的信息，在有异议的情况下法官需要与证人进行直接接触。在我国，卷宗固然是将证人私人知悉转变为公共知悉的方式之一，但是如果诉讼各方及法官对该种书面的公共

---

① 史立梅：《庭审实质化背景下证人庭前证言的运用及其限制》，《环球法律评论》，2017年第6期，第56页。
② 陈卫东：《直接言词原则：以审判为中心的逻辑展开与实现路径》，《法学论坛》，2022年第6期，第86页。

知悉有异议，那么需要在庭审中通过传唤证人出庭作证以提供新的信息，并通过公开庭审实现法官对证人的直接调查，将这种新的私人知悉转换为作为判决基础的公共信息。具体而言，直接言词原则在我国刑事审判的语境下的细化要求可作如下解读：

第一，我国应调整法官调查证人的手段要求，强调在证人出庭作证与书面证言两类证据方法均可使用的情形下，法官拥有主动要求通过直接的方法接触原始证据，以最优的调查方法对证人进行当庭口头调查，避免使用证据"替代品"的义务[①]。对法官而言，卷宗的作用是为法官提供足量信息，产生认识先见并梳理案件争议点或者疑点，以巩固法官在庭审证人调查中的程序控制权。在全案卷宗移送制度下，法官通过庭前阅卷对于案件事实已经基本了解，且在大部分情况下会形成不利于被告人的预断。该种预断是基于书面信息在庭审前带来的碎片化认知，是一个需要对其保持谨慎与怀疑的先见，是一种需要在庭审中进行进一步确认的事实。卷宗在审前阅卷的作用主要是为法官提供充沛的案件信息，以梳理案件的事实争议点，有利于法官控制庭审证据调查并高效进行事实认定。

第二，在庭审阶段，我国需确立直接言词原则，拉近法官与证人之间的距离，实现法官与证人作为原始证据的亲历接触，确认或者推翻卷宗中的信息。为防止庭审的过分拖延，对于被告人等诉讼参与人在举证中明确表示无异议的书面证言，可直接进行宣读。如果控辩双方一方对案卷笔录有异议，无论是程序上的异议抑或是实质内容上的异议，或者法官基于经验、逻辑或者对案件的了解认为证言存疑，则应当适用直接言词原则，以原始的证据方法——证人出庭作证并开展证人调查。此时卷宗中的书面证言仅起到辅助作用，当证人的当庭证言与证言笔录不一致时，诉讼各方及法官可以利用卷宗中的信息与证人进行质证。在该情形下，成为法官最终判决中事实认定的信息是在证人调查中所形成的新的认知——证人对庭前证言的回应与解释，并结合全案证据进行综合判断，而非卷宗提供的证言。

第三，需要注意的是，如果在控辩双方对证人证言有异议的情形下，法官必须拥有法定例外事由才能偏离对证人的最佳调查方法。对证人的调查方式有多种，最优的方法即通过申请证人出庭，就关键证言中的异议部分对证人进行

[①] 黄河：《裁判者的认知与刑事卷宗的利用——直接审理原则的展开》，《当代法学》，2019年第5期，第131页。

询问，这种查证方式即《刑事诉讼法》中规定的证人出庭作证[①]。在审判中，从证人身上引出证据的框架被称为"询问"[②]，包括职权询问、对质询问、交叉询问几种形态，是刑事诉讼活动中庭审质证的中心环节。对证人的口头调查也包括蒙面作证、变声作证、视频作证等特殊方式。除此之外，对证人的调查方式还有通过当庭宣读证言笔录的形式对证人证言进行查证，以及就技术侦查措施所收集的证言可以对作证的有关人员（证人、鉴定人、被害人）采取特殊的保护措施或以庭外核实的方式进行质证。在多种证据调查方法中，应当确立除非存在证人死亡、失踪或其他不可归责于办案机关的正当事由，或者诉讼当事人都同意使用书面证言，否则法官应对证人采取最优的方式进行当庭口头调查；若有前述正当理由，法官仍然应以实际情形下能尽量达成的次优方式对证人进行调查。在蒙面作证、庭外查证都无法实现的情形下，才可以书面方式对庭前证言进行调查。

[①] 《刑事诉讼法》第一百九十二条：公诉人、当事人或者辩护人、诉讼代理人对证人证言有异议，且该证人证言对案件定罪量刑有重大影响，人民法院认为证人有必要出庭作证的，证人应当出庭作证。

[②] 道格拉斯·沃尔顿：《法律论证与证据》，梁庆寅、熊明辉等译，中国政法大学出版社，2010年，第28页。

第四章　审判方式转型带来的证明难题及其应对

科学技术的不断发展带来了现代审判方式的转型，出现了互联网技术与审判方式的结合体，即在线审判。在线审判并非严格的法律概念，也被称为云庭审、远程庭审、网络开庭等，是指诉讼程序参与者不用在特定的日期聚集于一个物理意义上的法庭之中，而是分处各地，通过互联网络传递语音、文字和图像信息，来完成整个庭审活动。在线审判本质上是一种全新的庭审方式，作为一种技术革新，必然会引起相应的合法性争议，与传统的诉讼原则和规则会发生冲突，尤其是在过去几年全球疫情影响下，我国在线审判的适用呈现出大步前行的姿态，这不禁令人思考其中的利弊问题，以及可能产生的危机与风险。在现代审判过程中，起初是视频、音频等新形式证据出现，让证据的形式变得多样丰富，而后通信技术高速发展特别是 5G 技术让流畅的远程视频开庭成为可能，各类通信软件的开发进一步完善了这种新型审判方式的样态，并引入新的示证方式，也带来了新的证明难题。这些新的证明难题是全世界共有的，此处主要围绕我国刑事诉讼领域的现实情况进行考察和分析，试图在理论层面提出一些应对之策。

第一节　刑事诉讼领域中在线审判方式的实际运用情况

一、我国刑事诉讼领域中在线审判方式的运用

在线审判这一方式在客观上减少了诉讼成本，促进了审判工作的公开、透明和公正，根据可考的文献材料，不难发现在线审判这一技术模式很早就进入刑事司法领域。例如，2011 年 5 月 22 日，有报道称山东省淄博市临淄区人民

法院启用远程庭审系统开庭审理了一起盗窃案。在这起案件中，法官、公诉人、辩护人在法院机关审判庭开庭，被告人在看守所受审，庭审程序走完只用了半个小时，案件最终当庭宣判，被告人因犯盗窃罪，被判处一年有期徒刑，并处罚金4000元[①]。这个时候在线审判技术运用试图达到的效果是显而易见的，就是为了简案快审，提高司法工作效率。虽然报道中的"半个小时"是在宣传一种效率优势，但是此后铺开的在线审判改革让人们发现这个所谓的半个小时背后隐藏着巨量的隐形工作成本。本案中的定罪量刑也对应了最开始人们的设想，即要将在线审判方式放置在特定范围、特定条件下，通过控制其在简案中适用来降低冤假错案发生的概率，这也是一种理性的考量。此后在民事领域，互联网法院的兴起如火如荼，智慧法院建设也紧锣密鼓地开展着，国家花费了大量的人力、物力、财力建设司法系统的基础互联网设施，都是为司法智能化的实现做准备。

在新型冠状病毒感染疫情防控期间，在线审判为消除社会矛盾做出了不可否认的贡献。而新型冠状病毒感染疫情作为特殊的历史事件极大地刺激了无接触司法活动的发展。疫情给全国人民的生产生活带来了巨大的影响，甚至可以说全世界范围的实体法院都遭受了法院关闭和案件积压的困境，司法系统的供需矛盾日益增加，人民需要一个强有力的司法替代性解决方案，这时在线审判技术获得了担当重任的契机。《2020年人民法院司法改革工作要点》明确指出，要"健全顺应时代进步和科技发展的诉讼制度体系，积极探索互联网审判机制和审判规则，推动建立健全在线诉讼规则"。伴随着在线诉讼规则探索而来的是传统实体法院的价值减损问题、公平正义的实现难题、在线审判方式的常态化标准问题等。

这里采用举例的方式向大家展示我国刑事诉讼领域中在线审判方式的运用情况。2020年2月，江苏省南通市港闸区人民法院审理了全省首例防疫物资网络诈骗案，依托的是自主研发的"支云"庭审系统。这起案件采用在线审判方式，是出于防范疫情感染风险的考虑，可以说疫情防控是在线审判方式推行的催化剂，让原本合法性问题在理论上尚未盖棺定论的在线审判方式获得直接启用的机会。根据报道，南通两级法院首先在民商事、行政案件中使用"支云"系统审理各类案件，并逐步拓展至执行案件和刑事案件[②]。即便在当时

---

① 于建军、吕富娟：《积极探索审判实践中应用信息技术——临淄刑事案件实行远程庭审》，《人民法院报》，2011年5月22日第001版。

② 重庆市两江新区（自贸区）人民法院：《加强行业协同共治 确保在线庭审活动规范有序》，《人民法院报》，2020年3月26日第008版。

《人民法院在线诉讼规则》尚未施行的状况下，实践当中已然出现了"吃螃蟹"的人。根据《2020年最高人民法院工作报告》，截至2020年5月25日，全国法院在线开庭共25万次。根据《法院信息化蓝皮书》的内容，2021年全国法院在线立案1143.9万件，在线缴费1093.2万次，在线开庭127.5万场，在线证据交换260.1万次。可以说，在疫情防控期间，在线审判方式的运用已经呈现出一种势不可挡的模样。当时的南通法院依据的规范是南通中级人民法院制定出台的《互联网庭审暂行规定16条》《支云系统庭审规范20条》等文件。这些文件的内容是超前的，对于处理疫情防控下的积压案件来说或许是必要的，但是否存在与上位法抵触的法律问题却是存疑的。

在疫情防控放开后的几个月内，在线诉讼的适用率明显下降，在线审判的视频也极少上传至官方公开网站。这一现象产生的原因是多方面的：一是没有了疫情防控的需求，线下见面不再受到行政限制，诉讼各方失去了充分而强有力的动机来启动在线审判方式；二是律师群体经过实践发现在线审判在一定程度上有可能侵害被告人的质证权，相对而言，线下审判更有可能实现公平公正；三是在线审判过程中，由于技术或者人员操作问题，带给诉讼各方不良体验，从使用感上否决了在线审判这一技术形式。

前几年，在各地都出现了"自主研发"的在线审判系统，没有全国统一的在线审判系统。目前最为统一的是最高人民法院牵头的中国移动微法院，该软件拥有较为全面丰富的线上诉讼流程系统，但尚未对在线审判这一环节的全国性整合提供足够便利的解决方案。对于在线审判，通常地方会打造一个本地平台专门用于线上开庭，这种补充平台的形式广泛存在。其中的原因和阻碍颇多，此处研究尚浅，暂不展开讨论。但是目前来看，笔者持积极乐观态度，克服这些阻力并非不可能，中国移动微法院具备统合全国平台的能力基础而且也正在不断完善，至于该平台与其他地方自主研发平台的关系和未来的合并问题，是一个需要进一步深入研究和规范的课题。2023年3月1日，"中国移动微法院"升级为"人民法院在线服务"，这次升级整合调解、立案、阅卷、送达、保全、鉴定等全国通用诉讼服务功能和地方法院特色服务功能，解决了以往各级法院网上服务访问入口多、选择难的问题，是最高人民法院回应广大群众司法需求的举措。

二、我国目前刑事在线审判方式的运用及评价

（一）围绕新规范展开的刑事在线审判方式运用

2021年8月，《人民法院在线诉讼规则》正式施行。这一规则回应了实践中关于在线诉讼的各项难题，对于在线诉讼的适用范围和适用条件都给出了明文规则，我国目前在线审判方式的运用基本围绕该规则进行。该规则明确规定了刑事案件可以采用在线审判方式，从而基本打消了围绕在线审判技术能否进入刑事领域的学术争议，引导学者进一步讨论适用的刑事案件范围问题。该规则中对刑事案件给出的范围是"刑事速裁程序案件，减刑、假释案件，以及因其他特殊原因不宜线下审理的刑事案件；刑事附带民事诉讼执行案件；其他适宜采取在线方式审理的案件"。该规则还明确了线上线下程序转化的条件，"在诉讼过程中，如存在当事人欠缺在线诉讼能力、不具备在线诉讼条件或者相应诉讼环节不宜在线办理等情形之一的，人民法院应当将相应诉讼环节转为线下进行"。不仅如此，还允许当事人非恶意反悔，即对不存在故意拖延诉讼等不当情形，且在合理期限内提出的程序反悔，法院可以允许转为线下审理。

首先，应当循序渐进地运用刑事在线审判方式。要破解此前试点混乱的困境必须实现全国法院在立法规范的框架下开展司法工作。当前阶段已经从先前试点参差不齐走向有统一依据，围绕《人民法院在线诉讼规则》的条款展开刑事在线审判方式的运用是无可厚非的，可以说只有在现有法律基础上实现线上审判的常态化，"培养"出一批熟练掌握在线诉讼流程的法官、检察官和律师，才有进一步改革的基础。

其次，有必要对其他适宜采取在线方式审理的案件进行完善，进一步探索在线诉讼的优势，细化在线审判的应用阶段和应用场景。

（二）专案专办的发展方向

目前，刑事在线审判走上了一条精细化、专案专办的发展方向，其典型例证就是对于危险驾驶罪的处理模式。

根据报道，2023年8月25日，安徽省枞阳法院对于一件危险驾驶罪案件进行了在线审判，该案件采取简易程序审理并当庭宣判。该法院称此案为首例

采取单轨制办理的刑事案件，依托"206"系统实现了全流程无纸化办案①。这一案件应该是适用速裁程序的刑事案件，符合法律规定，只不过报道中写的是简易程序。这里所说的单轨制对应的是线上线下双轨制，在司法实践中，运用在线审判方式的案件内，双轨制的运用明显多于单轨制。这一方面是法律规范对于线上转线下的适用条件规定得十分宽松；另一方面是实践中案件的多发状况常常是速裁程序无法解决的，法官在转程序的过程中必须同时转线下审理。这里说的首例应该是相对于当地而言的。早在2022年7月15日，由芜湖三山经济开发区人民检察院提起公诉的安徽省首例"醉驾案件线上单轨制办理"案件，在三山经济开发区法院当庭宣判，被告人杨某某因危险驾驶罪被判处拘役一个月，缓刑两个月，并处罚金3000元。该案从立案到结案仅用3天，庭审只用时20多分钟②。类似的案件报道还有屯溪区法院程某某危险驾驶一案，根据报道，整场庭审仅用时5分钟，速度极为惊人③。这些案件都是依托"206"系统，宣传重点都是无纸化办案高效快速，与曾经小额诉讼之于民事诉讼，速裁程序之于刑事诉讼一般，无纸化办案让司法行业像工业生产行业一样进行了产业升级。

其实回想法院、检察院系统内对于繁简分流的实践操作，就很容易理解这种专案专办的工作逻辑。首先，危险驾驶罪已经是各地检察院简案中占比最高的一类案件；其次，危险驾驶罪案件同时符合速裁程序标准，一般都会签署认罪认罚具结书，案情较为简单，转普通程序的情况较少。无纸化办案既符合智慧法院建设的要求，也能提升司法效率，减少司法成本，还可以减少被告人的司法讼累，一举多得。综上所述，危险驾驶罪案件自然而然就成为专案专办的对象。

---

① 李金娟：《枞阳法院线上单轨制审理首例醉驾刑事案件》，https://www.thepaper.cn/newsDetail_forward_24372042。

② 人民法院报：《无纸化办案，又快又方便》，https://www.thepaper.cn/newsDetail_forward_21512164。

③ 屯溪区法院：《此时"无纸"胜"有卷"——屯溪区法院5分钟审结首起线上"单轨制"刑事案件》，https://www.thepaper.cn/newsDetail_forward_23982496。

第二节　刑事在线审判与直接言词原则的冲突

一、直接言词原则的内涵和外延

（一）直接言词原则的学理解释

直接言词原则是一项基本的审判原则，起源于大陆法系国家。该原则包含直接审理原则和言词审理原则两大基本内容。其中直接审理原则是指审判人员包括法官、陪审员应当以在法庭上直接、亲自获取的证据材料作为定案的依据，强调审判的亲历性，要求审判人员尽可能直接感知证据，从而减少书面审理带来的种种缺陷。言词审理原则或称口头审理原则是指基于口头陈述，如口头的证人证言、鉴定人口头发表的意见等作出裁判，其内在逻辑是口头陈述相比书面陈述更能影响审判人员的心证，更具备可靠性。不难理解，这里的直接与间接相对应，而言词与书面相对应。正确和全面地理解直接言词原则的基本内涵是很有必要的，不应为了认识方便就把直接言词原则等同于口头审理原则。与之对应，英美法系采用的是传闻证据规则，不过传闻证据规则主要针对的是证人证言，范围明显小于直接言词原则。

（二）直接言词原则在我国的规范体现与实际运用

直接言词原则被我国法学研究者学习引入后，并未被直接规定到立法当中，因此没有径直对应的法条。在规范上可以反映直接言词原则的条文仅包括《刑事诉讼法》第五十九条："证人证言必须在法庭上经过公诉人、被害人和被告人、辩护人双方质证并且查实以后，才能作为定案的根据。法庭查明证人有意作伪证或者隐匿罪证的时候，应当依法处理。"《最高人民法院关于适用〈中华人民共和国刑事诉讼法〉的解释》第七十条至第七十三条分别规定了据以定案的物证应当是原物，书证应当是原件，以及使用照片、复制品和录像的例外条件。在笔者看来，上述法条更接近传闻证据和传来证据的规则。也就是说，直接言词原则在我国并没有明文规定的基础，但是在刑事诉讼法学界却有着深远的影响。在大陆法系，直接言词原则是用于保障被告人供述的自愿性和真实性的一项原则，在我国，对应的规范设计是规定收集证据的程序必须合法，规定非法证据严格排除和裁量排除，规定不得强迫任何人证实自己有罪，主要是从办案程序的角度来进行规制，而不是从单纯证据取舍的角度进行规制，即便是非法证据排除规则在我国也主要是通过倒逼公安、检察系统提升办案质量的功效来实现的。目前没有实证研究表明将直接言词原则纳入法律规范能够适配我国国情且有利于防止冤假错案的发生，更多的是基于理论完善的考量，默认直接言词原则是审判程序重要原则。既然如此，我们应当将遵循直接言词原则视为对冲风险的举措，从对应的风险防范来审视刑事在线审判的技术运用。

二、刑事在线审判与直接言词原则冲突的后果与解决

根据现有的研究成果，学者们似乎在刑事在线审判违背直接言词原则这一论点上达成了一定程度的共识，认为其程序正当性有待商榷，主要可以总结为两点：一是破坏实体法庭的庄严感，消解了传统法庭的剧场效应；二是增加了虚假陈述的风险，降低了法庭证据的真实性。就目前公开的案例情况来看，因在线审判方式侵害被告人权益导致的冤假错案暂时没有出现，但是不能排除这种情形的存在，在理论上存在可能性的事件，现实中发生只是概率问题，故而理论的吹毛求疵是有一定存在价值的。认识到可能产生的后果后，下面将针对这两点质疑做出回应，而后尝试提出提升刑事在线审判庄严感和真实性的解决方案。

一是法庭庄严感的维护是否必要。在线审判在形式上打破了传统的法庭模式，在一定程度上减损了法庭的威严感，当事人和法官失去法庭出席的在场感，从而引起微妙的心理变化，减损法庭审理的仪式性和威严感，减损法庭行为的严肃性[①]。此外，在线审判可能无法发挥传统审判的震慑和教育功能。在刑事审判中，威严肃穆的法庭对犯罪分子具有无形的压力，可以促使其认罪、减少翻供；在一般案件中，审判的仪式性也可以对当事人和旁听者起到警示教育的作用。从审理效率角度看，庄严的庭审过程是展示司法权威性的重要手段，有助于减少诉讼当事人对法院审判工作的质疑，打消当事人的疑虑和误解。在庄重的庭审仪式中，当事人更易于领悟、感受审判工作肩负的公平正义以及背后的强制力保障，利于实现鼓励诚信、禁抑诈欺、提高审判效率的司法

---

① 范黎红：《远程审理的适用空间之展望》，《法学》，2010年第2期，第151页。

初衷①。法院这一机构是否也应在转型时代被重新定义和理解。理查德·萨斯金（Richard Susskind）教授就认为法院是一种服务而不是一处场地②。这一论断不失为一种新思路，但是在我国司法体系下可能很难成立。权威的彰显在我国司法体系运行中是必要的，司法公信力源于公众对权威机构的信任，正如行政公信力也是源于公众对权威政府部门的信任。基于我国的特殊国情，传统法院的权威一旦被减损，极有可能降低公众对司法裁判结果的信服程度。提升庄严感的举措有很多，下面列举一部分：其一，法官和书记员在固定场所比如本院的实体法庭参与线上庭审，或布置与实体法庭等同的虚拟法庭场景，按照规定悬挂国徽、布置席位牌等；其二，提示出庭检察官严格依照《人民检察院检察制服着装管理规定》规范着装；其三，参考重庆市两江新区（自贸区）人民法院与重庆市律师协会签订的《关于进一步规范司法行为加强法律共同体建设的实施意见》，明确律师着装、庭审行为等在线审判纪律要求；其四，规范法警配置等。通过完善具体的场景布置和人员设置，在线审判也有可能达到理想的效果。

二是如何维护法庭证据的真实性，减少虚假陈述风险。在线审判也必须贯彻证据裁判原则，传统审判方式中，控辩双方可以在法庭调查阶段展示和说明各项证据，围绕证据的真实性、合法性、关联性展开质证，质证权由程序的公正作为基础得以保障。但是在线审判造成了不同的局面。针对这一风险，现有规则给予法官线上转线下的职权，一旦出现线上庭审难以辨识，双方存在较大争议的证据，法官可以依职权换用线下审判的方式。除此之外，应当关注在线审判中情态证据的缺失，即使是在认罪认罚的轻罪案件中，法官也有必要对被告人当庭的行为举止进行察言观色，形成对其认罪悔罪态度的一种心证。目前针对这一问题的实证研究尚不足，从理论上说，仅仅凭借对视频影像的观察很可能无法切实感知到对方的真实情态，网络的延迟也可能影响法官的观察。情态证据的缺失可能会影响法官的量刑，但是换个角度思考，情态本身是可以被训练和伪装的，即便在实体法庭上，法官也有可能被蒙骗，如果单纯以察言观色作为在线审判方式降低法庭证据真实性的理由，难免还是有些牵强，在日常生活中运用视频通话技术交流往往不会让人遗漏对方的面部表情，只在网络延迟、存在遮挡物等情况下会产生遗漏。也就是说，应当针对可能出现的网络延

---

① 谷世波：《在线庭审：庄严性仪式感应予保障》，《人民法院报》，2020 年 4 月 20 日第 002 版。
② Richard Susskind：Online Courts and the Future of Justice, Oxford University Press, 2019：113。

迟问题采取保障措施，严格要求被告人出庭出镜的范围及角度，比如可要求全身入镜、满足三个角度以上拍摄等，采取上述措施应该能起到一些效果。

第三节　刑事在线审判中的证据出示与质证

一、传统示证与在线示证的区别

这里的示证是指证据出示，要区别于证据开示制度、庭前会议证据展示制度这些概念。证据出示仅仅是指在庭审过程中出示证据给法官和控辩某方观看的过程。证据开示制度和庭前会议证据展示制度都是在正式庭审开始前为了顺利开展审判活动，防止证据突袭，特要求控辩双方在庭前交换证据的一种制度。证据出示的目的是进行质证。根据目前的法律规定，在线审判方式适用于刑事速裁程序的案件，然而刑事速裁程序一般不进行法庭调查和法庭辩论，应当听取辩护人的意见和被告人的最后陈述，这也是为什么存在五分钟结束庭审的案件。但是这里依然有必要将在线审判中的证据出示与质证作为研究对象，因为笔者相信当前的法律法规依然具有可变更的空间。在《人民法院在线诉讼规则》出台之前，曾有《最高人民法院关于进一步推进案件繁简分流优化司法资源配置的若干意见》规定，对于适用简易程序审理的民事、刑事案件，经当事人同意，可以采用远程视频方式开庭。《最高人民法院关于新冠肺炎疫情防控期间加强和规范在线诉讼工作的通知》规定刑事案件可以采取远程视频方式讯问被告人、宣告判决、审理减刑、假释案件等。对适用简易程序、速裁程序的简单刑事案件、认罪认罚从宽案件，以及妨害疫情防控的刑事案件，可以探索采取远程视频方式开庭。目前的法律规定采取了一种较为保守的方案，但是随着技术更新、经验成熟，极有可能重新扩大适用范围，因此在学理层面进行讨论是有其前瞻价值的。从司法案例来看，近期的审判实践中依然存在线上法庭调查、法庭辩论，例如，包头铁路运输法院在线开庭审理的王某磊等4人掩饰、隐瞒犯罪所得罪、帮助信息网络犯罪活动罪一案[①]。这说明司法实践中，

---

① 白少娟：《院长、检察长同庭履职"线上开庭"审理刑事案件》，https://www.chinacourt.org/article/detail/2023/07/id/7379131.shtml。

仍然有法院在不断尝试通过在线审判方式处理复杂案件，学术领域更应积极为司法实践铺平理论道路。

传统示证或称线下示证是由控辩的某一方向法庭提交证据，由法警在三方之间进行展示交换的过程。传统示证最初是比较原始的互相传递书证、物证，这一阶段控辩双方可以触摸感知证据，用肉眼用手判断辨识证据真伪。对于实物证据，一般采用边展示边说明的形式。对于言词证据如证人证言、被告人供述、被害人陈述等往往采用宣读方式。对于视听资料、电子数据，一般采用现场播放的形式。后来检察院越来越多地采用多媒体示证手段，基本所有书证、物证照片都被投放到大屏幕上。辩方律师也可以向法庭申请多媒体示证，部分律师在积极探索诉讼可视化，在部分案件中利用思维导图等示意证据提升辩护效果，不过总的来说依然不及检方示证便利，更不及检方多媒体示证的频率次数。

在线示证是指在线审判过程中利用示证软件，例如，辽宁省使用的 RFID 远程示证系统，可以对异地库房的涉案物证进行全息展示，但这一示证方法属于改良过后的，在此类系统应用前，确实存在仅通过视频录制进行简单示证的问题，这些简单示证无法保证证据真实可靠，使质证过程变得难以进行，大概率会损害被告人质证权。更为主流的示证手段是依托移动微法院平台，控辩双方需要提前将物证、书证进行拍照、扫描，将证人证言通过录音录像形式固定下来，上传至平台，视听资料、电子数据等证据较为方便，可以直接导入平台，通过移动微法院的多媒体示证系统进行示证。

传统示证方式与在线示证方式在发展上呈现汇流的态势，都趋向采用多媒体示证方式，在体验感上也逐步趋同。理论上，在线示证甚至可能为辩方提供更便利更平等的示证环境。在传统示证方式下，辩方可能无法获得对等的多媒体示证效果，但是在线示证的环境下，除了证据多寡的固有问题，控辩双方可以获得较为公平的示证起点。传统审判中还存在涉案物证保存地与庭审地分离、检察机关人工示证存取不便等问题，利用远程示证系统加区块链的组合，可以更好地解决这些问题，减少人工和时间成本。例如，广州市中级人民法院就在案件处理过程中运用了"区块链电子质证系统"，虽然是民事案例，但是这一系统可以被应用到刑事案件处理上。此外，还可以利用公证、宣誓等方式辅助证明所提交证据的真实性与可靠性。

二、在线质证的隐患与解决方案

任何证据未经质证，不得作为认定案件事实的依据。由此可见，质证是庭审活动的核心，是事实认定的基础，是当事人诉讼权利的重要保障。与传统质证相比，在线质证当前存在一些短板和隐患。

一是立法上在线质证规则不完善。在线质证不能直接依据传统线下的质证规则，各方面都不适配。刑事诉讼法中的质证规则强调了质证的当场性，而在线质证恰恰缺乏当场性。实践中由于缺乏质证细则，操作没有统一定式，诉讼各方都耽误了很多时间和精力，常常需要转为线下处理。有必要集中质证环节的实践经验，尽快出台在线质证的细则。

二是网络环境难以捉摸，远程审判技术存在人为作假的空间，比如，利用信息传输的时间差作假、黑客攻击等，电子化的证据存在被篡改的风险，尚无人可以保障网络环境的安全性。因此，有必要对在线审判的基础网络环境进行托底规范，并投入相应的技术支持，这些会大大增加成本，但是这是一项不可偷工减料的基础工程。因为一旦上述危险发生，就会严重破坏证据的真实性，从而影响司法裁判的公正性。

三是对原件原物的认定问题。在线质证中辩方律师无法直接检查证据的原件、原物，常常因为对真实性的怀疑要求转线下审理，造成资源浪费。这里有一个大前提，如果双方对某证据都认可，法官可以直接认定。但是以往在传统审判过程中讲求书证、物证的最佳证据规则，在线质证面对的是电子化的书证和物证，这样的证据如何才能符合最佳证据规则呢？如何重新理解和解释这里的最佳证据规则就成为一个难题。对于电子化书证、物证的真实性辨别问题，应当从提升控辩双方的存证认可度入手。基于国家、司法机关认证的存证平台或者其他权威平台，通过双方均认可的存证程序，来达成电子化证据与原件原物证明力的平等关系。如果缺乏有力的存证程序，对于电子化证据，往往需要一组或者几组证据相互印证，才能有足够的证明力。美国《联邦证据规则》第1001条规定，任何储存在计算机或类似装置里的数据只要能准确反映数据的打印物或是其他输出物，均为原件。联合国国际贸易法委员会也认为，若数据电文与书面文件所发挥的作用相一致，则可被视作可靠有效的原件，不能以非原件否认数据的可采性。也就是说，面对难以认可电子化证据真实性的困境，除了建立存证程序的方案，还可以通过立法直接改变原件原物的内涵。对于在线审判中的书证和物证有必要制定专门的审查规则，在线审判中的视听资料证据审查，也应当参照书证、物证审查规则。除了原件原物问题以外，扫描件在上传前可能会被人为篡改，而且书证纸张的年代感是电子化后难以展现的。还有实践中常常出现的书面材料格式问题，书证物证图片或影像完整性、清晰度问题，证据提出主体多头导致主体不明的问题等。对于公文书的效力应当参考民事诉讼，赋予其真实推定的效力。2020年4月，海牙国际私法会议发布《证据公约下视频链接的使用指南》（Guide to Good Practice on the Use of Video-Link under the Evidence Convention）。该指南分析了在取证过程中使用视频链接的发展情况，并参考了国内法和其他国际协定的规定和世界范围内使用视频链接取证应遵循的良好做法，坚持技术中立原则，从取证原则、法律规定、证据类型和操作方式、证人宣誓、技术使用和安全等方面为在线审判提供了详细指导。该指南也为国内法院在线诉讼提供了实用的参考范本。

除了这些，法官还可以通过提交的证据内容来源进行判断，比如，证据内容不利于被告人却来源于被告人的，可以采信；非来源于被告人的，如无利害关系可以采信。质证过程中，法官应当适时向控辩双方询问其提供的证据是否与庭前提交内容以及向平台上传的内容一致，还有无补充证据。控辩双方有补充的，应当向法官说明理由，由法官决定是否允许其当庭上传至平台。法官将各方无争议的证据予以固定，并引导诉讼参加人仅围绕有争议的证据发表质证意见。

就目前司法实践中解决书证、物证真实性怀疑的方法还是用视频展示原物、原件，在观感上远不及RFID远程示证系统这类专业的示证系统，但是胜在成本低廉，在民事诉讼中更容易被接受。在刑事诉讼中则应另当别论。虽然我国法律并未全盘否定证据复印件的效力，但是在传统刑事诉讼当中，无法提交原件的话，复印件往往被视为间接证据，需要其他的证据相互印证才可能被采信。无论是原件还是复印件，都是服务于证据的认定和事实的查明，庭审方式从线下到线上的改变不应当妨碍公正。一旦通过在线审判方式无法达到质证效果时，应果断地转换为传统庭审方式。

第四节 探索刑事诉讼证人在线出庭的可行性

一、刑事诉讼证人在线出庭的经济可行性

在线证人出庭相比传统证人出庭具有天然的经济优势。对于证人本人来说，不仅节省了交通费、住宿费、误工费等成本，还节省了相当多的时间成本和精力，有助于减少证人讼累，提升证人出庭积极性。在某些容易产生肢体冲突的案件中，证人的安全也通过线上出庭的方式得到了保障。在涉及未成年人、个人隐私的案件中，在线证人出庭可以利用技术手段隐匿身形，可以兼顾隐私性和安全性。相比传统证人出庭方式，将更能得到证人的认可。对于法院来说，通过在线上与证人进行连线，减少了等待时间，有助于法官缩短案件办理时间，加快审结案件的速度，从而提升司法效率。但是，由于我国各地经济发展水平差异化严重，信息化水平参差不齐，有许多地方硬件设施跟不上，经费不足，实际条件难以支撑在线证人出庭。部分法院虽具备在线证人出庭的硬件设施条件，但网络可能跟不上，到头来还是会浪费司法资源。从统计数据来看，经济越落后的地方法院证人出庭率往往越低，在线证人出庭的推行也困难重重，需要政策扶持和鼓励才能启动运转。实际上，从经济上来讲，我国基础信息化建设还是处于入不敷出的状态，经济较好的地区或许可以在部分案件中实行证人在线出庭，但是经济落后地区的司法建设还需要不断地输血供养。证人当庭做出的证人证言具有较高的证明力，在线证人出庭可以作为一个辅助激发证人出庭积极性的手段，但根本上是要提升证据裁判意识，贯彻庭审实质化。

二、刑事诉讼证人在线出庭的规范化举措

目前刑事诉讼证人在线出庭尚无规范立法，操作规则不明确，民事诉讼证人在线出庭方面的细则也还未出台，但是两者之间有许多共同点可以参考。其中包括但不限于证人的身份认证问题，如何保障证人如实作证，如何禁止旁听抢线，刑事诉讼中同案犯作证的出庭规则，还有对证人的预告知规则。

（一）证人的身份认证规则

在线审判过程中，应当由书记员负责对控辩双方、包括证人在内的其他诉讼参与人进行身份认证，身份认证是保障庭审顺利有效进行的前提。运用最多最广泛的是人脸识别技术，但是在实践操作中，不是真人扫脸，而是照片与视频中的人进行比对，其实很容易出错。对于司法过程中的身份认证而言隐患太多，不够稳妥，可能会出现顶替作证的风险。应当摒弃单一识别方式，采用多重识别手段，比如人脸识别、证照对比、网络实名认证、微信实名认证等，还可以加入手机验证码、邀请码等认证手段。将公安部居民身份认证系统和人脸识别系统嵌入移动微法院平台，证人登录后即可进行身份认证和人脸识别。在证人出庭前和退出庭审前分别进行一次认证，必须实现"人、案、账号"匹配一致。如果证人到指定的就近作证场所作证，则应当现场进行多重身份认证。

（二）证人如实作证规则

证人作证需要宣读证人保证书并进行电子签，可以对其宣读仪式化处理，全程要求直立姿势并录音录像，仪式感可以提高证人对法律的敬畏之心。在线证人作证过程中，法官只能通过对其言语逻辑、身体语言、面部状态等外在表现来判断其证言的真伪，如果证人做了一定伪装，那么法官就更加难以判断，这样伪装过后的证人作证，与书面证言的证明力差距只会越来越小。正如之前讨论过的，在线审判方式与直接言词原则之间存在冲突矛盾的关系，这可能会影响法官对证人证言的判断，进而影响整个案件结果的公正性。证人在线作证，往往是在相对熟悉的环境中，比如家中，法庭的威严感很难影响到证人，证人可能不会对自己的证言产生责任心，可能会增加虚假作证的概率。

（三）禁止旁听与惩戒规则

禁止旁听只能通过就近指派作证场所来杜绝。对于"对方当事人提出合理理由认为证人作证可能受他人指挥""有多个证人需要在线出庭作证""申请证人出庭作证的一方当事人在非本院指定场所进行在线诉讼"等情形，规定证人应当前往法院指定场所，在指定场所工作人员监督下开展线上作证。可供选择的指定场所包括其他法院审判法庭、司法所、县（区）乡（街道）矛盾纠纷调处化解中心、村（居）民委员会和社区服务中心等。法官全程主导庭审纪律，在证人作证过程中，法官掌握证人的音视频开关，一旦发现有证人或证人周边有干扰庭审、指挥诱导证人、随意切断或离开视频画面等违反庭审纪律的行为，法官可立即停止在线作证程序，严重的可以取消证人作证资格。一旦发现证人故意作虚假陈述，根据情节轻重予以训诫、罚款、拘留等。

（四）同案犯作证的出庭规则

同案犯出庭作证顺序预先规定并通知，在庭审开始后证人作证前，由书记员将等待作证的同案犯证人接入临时的等待室，等待作证时间不宜超过20分钟，其间应当要求证人不得使用任何通信工具，不得与他人谈话或沟通交流。

（五）证人预告知规则

司法实践中存在许多证人出庭时对在线审判所使用的系统不熟悉，导致操作迟缓、抢线、突然下线等问题。有必要由书记员提前联系要出庭的证人，发放系统操作说明书并提供网站指引；告知其应当在本院认可的场所参加在线庭审，不得与一方诉讼参加人于同一场所参加庭审；发放书面的在线审判作证规则并口头告知作证义务及违背的后果。

（六）其他保障规则

（1）单一平台不足以保障证人按时上线出庭，应当提供多个平台给证人选择，便利证人，为其减轻诉讼成本。

（2）充分尊重诉讼参与人的意愿，赋予证人程序选择权。证人可以提出线上作证，在不影响案件实质审理且辩方没有异议的情况下，可以同意其线上作证申请。

（3）参照线下证人强制出庭规则指定线上证人强制出庭规则。

（4）以实际需求和规范审查为指引，证人申请在线作证，经初步审查认为理由成立的，征询辩护律师意见，辩方可以在指定期间内提出异议并说明理由。异议成立的，不予准许证人在线作证，并通知其线下出庭作证；异议不成立，则向证人送达《在线出庭作证通知书》并告知控辩双方。

（5）证人出庭作证以全流程一次性审理为原则，但为方便证人出庭，可根据实际情况适当调整庭审环节，如提前作证以减少等候时间。在必要情况下，准许证人在法庭调查等其他庭审环节之外另行在线作证。

（6）结合证人黑名单和征信黑名单筛选证人。

（7）证人证言应当全程录音录像，留存建档，并做好电子信息保密措施。

（8）鉴定人、翻译人在线出庭的，参照证人在线出庭方式执行。

第五节 应对方案：宜对刑事诉讼在线审判规则进行整合型改造

一、现有的刑事诉讼在线审判规则评价

有学者认为当前刑事案件在线诉讼制度最为显著的问题之一在于未能进行一体化的制度设计，从而导致现有规则在内容全面性、一致性和针对性方面存在不足[①]。笔者深有同感：一是现有规则的不全面。刑事诉讼涉及公安、检察院、法院三机关，诉讼过程具有分阶段的特征，现有规则的内容无法涵盖刑事诉讼的三个环节，也忽视了刑事诉讼各阶段的衔接问题。公安、检察、法院三机关由于缺乏全面完善的刑事诉讼在线审判规则，各自发展，其结果必然是不协调，难以统一步调。二是现有规则的不一致。现有规则对刑事案件在线审理的适用条件和范围的规定不清晰，《最高人民法院关于进一步推进案件繁简分流优化司法资源配置的若干意见》规定，对于适用简易程序审理的民事、刑事案件，经当事人同意，可以采用远程视频方式开庭。《最高人民法院关于新冠肺炎疫情防控期间加强和规范在线诉讼工作的通知》规定刑事案件可以采取远程视频方式讯问被告人、宣告判决、审理减刑、假释案件等。对适用简易程序、速裁程序的简单刑事案件、认罪认罚从宽案件，以及妨害疫情防控的刑事案件，可以探索采取远程视频方式开庭。《人民法院在线诉讼规则》仅规定了速裁程序刑事案件。三是现有规则欠缺针对性。现有规则对于刑事在线审判规则多参照适用民事诉讼，虽然有些内容可以通用，但是刑事诉讼有其固有特点，应当对刑事诉讼的特点进行规则设置。

[①] 王禄生：《刑事案件在线诉讼制度的实践观察与前景展望》，《西南民族大学学报（人文社会科学版）》，2021年第12期，第80页。

二、对刑事诉讼在线审判规则整合型改造的路径介绍

(一) 对刑事诉讼在线审判规则的整体环境考察

从经济层面来看，利用好国内现有的资源，在经济发达地区推进刑事诉讼在线审判，经济欠发达地区暂缓。在线诉讼的顺利进行，不仅需要投入大量的前期成本用于购买、安装、测试仪器设备，还需要投入日常维护费用以及人工费用，全国法院推行无纸化办公以及在线审判尚需时日。在司法实践中，存在很多操作层面的技术问题，包括但不限于：认为当地法院庭审系统登录时间太长；核验身份过程中，身份证等证件无法识别或展示；在线庭审时的视频不清晰、语音不稳定，多人同时在线可能会卡顿掉线；旁听不便。法院需要技术人员来解决这些技术问题。单凭规范是无法解决技术便利性问题的，只有当智慧法院的平台搭建畅通无阻后，才有可能实现真正的便利，在此之前，我们需要不断地投入成本。

在价值层面仍然要保障被告人的权利。刑事诉讼即便纳入技术，转变审判方式，其依然要朝着保障被告人的权利的价值目标前进。当前的刑事在线审判方式一定程度上阻碍了辩方的质证权、会见权行使，我们应当反思如何在这一审判方式下坚守住被告人最低限度的程序权利。要从权力本位走向权利本位，仅凭目前几条法律规范是远远不足的，规则层面需要适度扩张和丰富。在以实体法庭为法律物理空间的剧场化司法中，法律是被"表演"的，被一套复杂的行业术语垄断，被法官们高高在上的面相幻化，法官和当事人必须通过各种"繁文缛节"才能"合法地"进入法律的活动过程[①]。因此传统审判是以法律共同体为中心的司法治理模式，强调法官对其他参与主体的控制，在这种审判制度下，社会公众是被动接受者而非主动参与者，是法律和诉讼程序的客体而非主体。相比而言，在线审判则更多地体现"以当事人为本位"的理念，如通过个性化信息推送、当事人利益需求的精准识别和满足等，矫正传统司法职业化带来的形式化和非大众化弊端，改变传统司法中的非均衡性[②]。同时，数字化时代的审判活动需要从传统控制模式演变为参与主体的相互依存和协调的模式，从垂直式、纸质化信息传递机制转向扁平式、虚拟化数字交流机制，由

---

① 舒国滢：《从司法的广场化到司法的剧场化——一个符号学的视角》，《政法论坛》，1999年第3期，第17页。

② 王福华：《电子诉讼制度构建的法律基础》，《法学研究》，2016年第6期，第90页。

此，司法规制也不再是一主体简单地向另一主体施加某种指令的过程，进而达到科林·斯科特所强调的"规制治理"，即利用多元治理主体、引入多元治理工具，通过反身治理和集体行动，提升受规制体系影响的各主体的学习能力[1]，鼓励各主体参与在线审判的程序构建与技术完善，以开放性司法促进司法数字化改革进程逐渐发展与完善。可以预见的是，实体法院将向虚拟化、网络化方向深入变革，未来法院的场地属性将逐步淡化，而当前法院对物理空间的依赖也不会从根本上妨碍在线审判的发展，全球在线审判和远程诉讼的推进无疑成为不可阻挡的趋势。

（二）刑事诉讼在线审判规则的整合型改造路径

1. 独立立法和统一平台

制定独立于民事诉讼的在线审判规则并立法，设置专章，出台实施细则，对刑事诉讼在线审判中的证据调查和证据辩论做出较为细致的安排。建立全国统一在线平台，将各地原有的本地在线审判平台与人民法院在线服务平台融为一体，设置便捷链接。

2. 保障诉讼基本权利

规定刑事案件在线审判应当遵循刑事诉讼法及司法解释相关规定，充分保障诉讼参与人申请回避、举证、质证、陈述、辩论等诉讼权利。规定诉讼参与人（包括控辩双方、证人、鉴定人、翻译等）的程序选择权和异议提出权。

3. 确定刑事在线审判的适用范围和禁用范围

刑事在线审判的适用范围：①适用简易程序的刑事案件；②适用速裁程序的刑事案件；③减刑假释案件；④对事实争议不大的二审刑事案件；⑤被告人（上诉人）患病、残疾以及其他不适合提押至法院审理的刑事案件；⑥主要犯罪证据通过互联网技术存证的刑事案件，可以适用在线方式进行庭审。经诉讼各方同意，可以采取在线方式召开庭前会议、讯问被告人（上诉人）、开庭审理、宣告判决等。

刑事在线审判的禁用范围：①对依法不公开开庭审理的案件；②可能判处死刑的案件；③涉众型经济犯罪案件；④重大敏感案件以及其他不具备在线审判条件的案件。现实中已经存在二审适用在线审理方式的实际案件。例如，保定市中级人民法院刑事审判第二庭在审判庭通过三方远程庭审系统开庭审理了保定市人民检察院提出抗诉和原审被告人提出上诉的庞某某危险驾驶、妨害公

---

[1] 科林·斯科特：《规制、治理与法律：前沿问题研究》，安永康译，清华大学出版社，2018年，第207页。

务和王某某寻衅滋事两起二审刑事案件。据报道,整个庭审过程画面音质清晰,庭审过程快捷流畅[①]。

4. 庭前准备

庭前准备包括环境准备和人员准备。环境准备即在开庭前半小时检查法庭网络环境、在线审判系统、摄像头、音响等软硬件设备。审判庭应当专门设置禁言、禁听、关闭单路画面等多种庭审控制功能。人员准备包括在开庭前联系在线审判参与各方进行庭前测试,检测确认各方使用设备、所在场所、网络环境等,查明庭审参与各方是否进入在线审判系统,确定以在线方式开庭审理的,法院应当提前向在线审判参与各方告知在线审判的各项要求、庭审纪律,以及违反在线审判规定的法律后果,确保庭审顺利进行。人员准备还包括人员的身份核验,可以采用生物特征识别和证件证照比对的方法进行身份核验,对于参加诉讼的各方提前派发账号密码,或者在在线审判系统中嵌入身份认证功能,确保诉讼参与人身份真实准确。

5. 举证质证和证人出庭

证据审查是查明案件事实的基础,是进行实体裁判的依据,是案件审理中最为核心的部分。刑事案件在线审判中,公诉人和辩护人一般应通过多媒体示证系统全面、客观、准确地出示证据材料,以确保庭审质证的有效性。法院应当实现图片、文字、音频、视频等多种格式证据材料的线上展示。控辩双方对在线出示的物证、书证是否系原物、原件提出异议的,合议庭应当在庭后进行核实,必要时另行组织质证。在线审判对于法庭调查阶段的举证质证部分进行简化还值得深入探讨。

刑事案件在线审判中需要出庭作证的证人、鉴定人、有专门知识的人,根据预先规定的出庭顺序在网络大厅排队等候。在线审判过程中,合议庭应当在线核实出庭作证的证人、鉴定人、有专门知识的人的身份,告知他们作证的权利、义务和法律责任。证人、鉴定人、有专门知识的人应当进行证人宣誓,签署证人保证书。合议庭应当在证人、鉴定人、有专门知识的人出庭作证或说明鉴定意见结束后,关闭其音视频功能。参考前文分析的证人应该遵守的几条规则。证人在生病、交通不便、不可抗力等确有困难的情形下可以通过视听传输技术或者视听资料等方式作证。从便利诉讼参与人的角度,此类案件可适用在线审判模式进行审理。法庭可以开设证人在线作证端口,通过技术屏蔽确保证

---

① 保定市中级人民法院:《保定中院敲响刑事二审三方远程庭审第一槌》,http://bdzy.hebeicourt.gov.cn/public/detail.php?id=7187。

人无法旁听庭审。证人端口由法官控制其进入或退出庭审，防止证人擅自点击进入庭审。证人未进入庭审时，证人端口与法官端口是单向的，法官端可以看到证人端的音视频画面，但证人端无法看到整个庭审画面[①]。

6. 因技术便利可能创生新的审理规则

比如，通过回放视频，法官可以做到对庭上物证、人证进行重复审查，这种重复审查的行为有利于法官审慎做出判决结果，但是这一行为在程序上是否具备合法性有待商榷，笔者认为可以建立专门的重复审查规则进行规制，规定具体的程序。另外，视频的可回顾性也为庭审的延续提供了新思路，也许存在建立审理衔接制度的现实需求。最高人民法院发布的《关于人民法院在线办理案件若干问题的规定（征求意见稿）》对异步审理规则有了一部分规定，规定了异步审理的涵义、范围和效力，经双方当事人同意，人民法院可以指定当事人在一定期限内，分别登录诉讼平台，以非同步的方式开展调解、证据交换、谈话询问、庭审等诉讼活动。当事人未在人民法院指定的期限内，以非同步方式完成在线诉讼活动的，视为放弃相应诉讼权利。异步庭审适用条件——案件同时符合下列情形的，人民法院和当事人可以录制视频并上传至诉讼平台，在人民法院指定的期限内，按照庭审程序环节非同步完成庭审活动：各方当事人同时在线参与庭审确有困难；一方当事人提出书面申请，各方当事人均表示同意；案件适用小额诉讼程序或者民事、行政简易程序审理。另外，互联网时代带来的海量多元知识为建立在线审判知识辅助系统奠定了坚实的基础，法官可以在在线审判的实时过程中查阅相关资料，这种便利有助于提高法官判断的准确性，但也可能分散法官的注意力，在可行性和程序设计上是值得研究的。

7. 在法庭纪律和告知方面设立规则

在线审判参与各方在庭审活动中，应当保持通信设备静音或关闭，服从审判长的指挥，尊重司法礼仪，遵守法庭纪律，举止得体，坐姿端正，不得实施下列行为：鼓掌、喧哗、随意站立或走动；吸烟、进食；拨打或接听电话；故意脱离视频画面；对庭审活动进行录音录像或以文字、图片、音频、视频等方式传播庭审活动；允许他人在庭审现场旁听、讨论和提供庭审建议；其他妨害在线审判秩序的行为。开庭时，审判长除释明在线审判理由，还应当特别告知在线审判与线下庭审具有同等法律效力；庭审期间必须保持网络畅通，除查明

[①] 余剑、潘自强：《刑事在线庭审的实践观察、法理检视和规则修缮》，https://m.thepaper.cn/baijiahao_14425748。

确属技术网络故障、设备损坏、电力中断或不可抗力等原因导致庭审无法正常进行外,在线审判参与各方不得擅自退出连线。附带民事诉讼原告人或附带民事诉讼上诉人擅自退出的,按撤诉或撤回上诉处理;附带民事诉讼被告人或附带民事诉讼被上诉人擅自退出的,按缺席处理。诉讼参与人或者其他人员违反法庭纪律,妨碍诉讼活动顺利进行的,可依据庭审录音录像追究其法律责任。

8. 为后勤支持和保障设立规则

一是人员方面。法院应当安排专门的技术人员保障在线审判的正常进行,及时解决技术故障。刑事在线审判期间,司法警察应当前往被告人(上诉人)所羁押的看守所远程视频讯问室或其他固定场所值庭。

二是技术问题导致的庭审中断等情况如何处理。笔者认为这一点在程序上理应有所规定,且因技术问题导致的庭审中断从事实上可以分为长时间中断、短时间中断和一方发言卡顿三类现象,是否延期审理、中止审理和终结审理应当由法官做出判断,二者的关联关系应予以厘清。刑事案件在线审判中,诉讼参与各方如发生网络中断等技术故障,合议庭应当暂停在线审判,并与该方取得联系,待故障消除后继续审理;如果法庭出现技术故障,诉讼参与各方可以提出异议,合议庭应当暂停在线审判,待障碍消除后继续审理;技术故障一时难以消除的,合议庭应当中止在线审判。

三是引入辅助系统"庭审智能巡查系统",强化内部监督。该系统采用体征检测、轨迹分析、声音采集等信息化手段,通过对在线审判录音、录像、视频数据识别分析,智能判断在线审判参与人是否存在接打电话、中途离席、异常喧哗等违反庭审纪律行为,并实时推送疑似风险信息,由工作人员核查。该系统还将律师纳入系统巡查范围,实现在线审判纪律人员监督全覆盖。该系统运行以来,累计巡查案件 6877 件,提示疑似风险信息 1189 条,经核实均无风险[①]。

四是改善庭审质量。采用虚拟背景、沉浸式远程系统等有助于解决背景干扰问题;适当控制庭审时长并预留中途休息时间,让没有发言的参与者关掉镜头等方式也有助于参与者应对"视频疲劳"和保持注意力。

五是保障数据安全。在线诉讼面临着数据安全的问题。平台往往由第三方建立和运营,诉讼各方的个人信息以及各类诉讼材料均通过在线平台进行传输,人民法院对系统没有最终控制权。因此,在这些平台中储存的大量信息均

---

① 王芳、李唯祎、岳铼:《"云庭审"插上智慧监督"金翅膀"!》,https://new.qq.com/rain/a/20211104A05AZE00。

存在被泄露的风险。不法分子会利用爬虫等技术手段，大量获取并交易司法数据。这也是亟须国家来统一庭审平台的原因之一。

六是加强法院、检察院、公安看守所、法律援助中心的业务连接、协同配合。建设"共享法庭"和"在线诉讼律师工作室"。利用居委会、村镇、司法办公地点等现有场所、设备，开展在线调查、开庭、调解等解纷活动。有的"共享法庭"还配备了专门的法院对接人员、当地维护人员，便于人民群众在家门口参加诉讼。在线诉讼的参与模式意味着当事人可以投入更少的时间成本来参与诉讼。但是由于缺少与法院工作人员的直接对接和引导，部分当事人对在线诉讼的具体操作方式并不熟悉，人民法院告知的操作方式也并非所有当事人都清楚了解，需要有专业人员进行指引，在"共享法庭"派遣相关操作指引人员就可以有效解决这一问题。"共享法庭"的出现，使得不方便到法院参与诉讼的当事人以及非专业人士，可以在相对专业的环境内进行诉讼。这种带有"官方"性质的"共享法庭"能够达到实质隔离诉讼参与人、隔绝其在其他场所可能受到干扰的目的，确保法院司法活动规范、高效、公正。因此"共享法院"应当具备良好的通信条件，具有足以支撑在线视频传输等技术手段，并且具有良好的隔音空间和图像传输设备。必要时配备专业的技术人员对当事人的诉讼操作进行引导和指挥，使得庭审更为顺利。同时，在线平台应当整合"共享法院"的预约系统，使得当事人可以更为方便地预约"共享法院"，并且使得整个诉讼流程的开展时间相对固定，以便程序的完整。

宁波市中级人民法院向宁波市律师协会发出了司法建议，建议在律师事务所设置"在线诉讼律师工作室"，加强有关软硬件建设，确保在线审判的规范性和权威性。律师作为当事人与法院沟通的桥梁，肩负着为第三人争取最大利益的使命，律师的形象建设在很大程度上也能够反映司法工作队伍的建设。对于非专业人士的当事人而言，其对于律师会有较强的依赖程度，在律师事务所内设置在线工作室可以方便当事人与律师更好的沟通，由律师对当事人的在线诉讼进行指导和把关，在沟通完成后就可以立刻进行诉讼活动。此举将在线诉讼的主战场转移至律师事务所内，也可以在一定程度上分担司法资源的不足，在"共享法庭"尚未建成的地区，可以通过建设"在线诉讼律师工作室"来完成过渡。目前宁波已有不少律师事务所建立了"在线诉讼律师工作室"，杭州也有已建立起专门的"在线诉讼办公室"的律师事务所[1]。

---

[1] 傅志君：《我国在线诉讼程序的发展历程和未来进路》，https://www.chinacourt.org/article/detail/2022/11/id/6997778.shtml。

9. 在线庭审的信息留存

庭审结束后，书记员负责完成庭审笔录制作和传输。除公诉人（检察员）外的诉讼参与人、审判长、书记员应当进行在线阅看并签名确认。在线电子签名与纸质签名具有同等法律效力。当事人对实时上传的电子庭审笔录确认无误后，即可通过电子签名和指纹捺印予以在线确认。在线审判应全程录音录像，对庭审笔录有异议的，以庭审录音录像为准。庭审结束后，书记员应当及时拷贝或下载相应庭审视频和笔录存卷。法院应当在开庭三日前通过官方网站向公众公开在线开庭信息。除特殊原因外，庭审活动允许媒体、公众在线旁听。媒体、公众可以通过中国庭审公开网等庭审直播平台旁听在线审判，但未经许可，不得对庭审录音录像，不得直播或传播庭审视频。

第五章　刑事推定的适用问题及改革进路

推定是证据裁判主义语境下与一般的诉讼证明平行的一种事实认定机制。一般认为，推定在诉讼中的具体效果是降低证明标准，转移证明责任。因此，它被认为是解决证明困难的技术方法之一。同样也是囿于其在诉讼中的具体效果，它在严格责任的刑事诉讼场域下处于一种较为尴尬的境地。一方面，由于刑事推定并未达到法定的证明标准，可能带来权力滥用的危险，从而产生合法性焦虑；另一方面，当下中国的客观化证据生成机制薄弱与国家犯罪控制目的实现之间的矛盾，又使得刑事推定成为司法实践中不得不采用的一种方法。学者们大多认识到了这种进退维谷的现状，于是普遍对刑事推定抱着一种"慎用"的态度。因此，虽然他们在研究刑事推定时所关注的问题域和学术视角不尽相同，所论证的切入点和采用的论证理路也各有特点，但是他们的结论却是惊人的相似。有学者认为，为缓解刑事推定带来的合法性焦虑，应当将刑事推定规定于具体的法律规范中。换言之，刑事推定应当是一种"法律推定"。也有人主张，刑事推定是一个实体问题，它实际上是对原有犯罪构成要件修正后的"第二构成要件"。有学者举例说，巨额财产来源不明罪就是一种刑事推定，是对贪污罪、受贿罪中"来源非法"要件的取消（实际上是推定来源非法）[①]。还有学者从司法伦理的视角出发，首先主张要实现刑事诉讼的权利保障价值，应当限制刑事推定的适用范围；其次他探究了刑事推定制度的历史渊源，认为刑事推定类似于法定证据制度，应当由法律规范加以规定，并考察了现行刑法中的几个具体罪名以证明在实践中刑事推定的作用空间确实是受到限制的。更多的学者认为，除法律推定，刑事推定还是诉讼中的一种事实认定方法，他们常常热衷于探讨刑事（事实）推定的具体规则，认为应当从实体和程序两个层面界定刑事推定的具体规则。然而，笔者认为已有的代表性研究对刑事推定的探讨存在一定问题：一是没有厘清刑事推定的具体效果——没有对刑事推定的

[①] 侯智：《刑事推定的现实意义研究》，《河北法学》，2011年第12期，第168页。

本体进行深入考察，二是缺乏一个中立的认识视角——没有从适当的刑事诉讼的价值论角度出发来探讨刑事推定，三是刑事推定的范围界定不明确——刑事推定究竟是法律推定还是事实推定，四是没有一个宏观的研究视域——没有深入探讨刑事推定与刑事证明模式的关系。鉴于此，笔者在本章中将暂时抛开刑事推定的具体"规则"，对上述问题进行学术回应。

第一节 话语与实践的困境：刑事推定的中国问题综述

刑事推定作为一种司法技术方法在学界首先获得认识的是它适用的具体效果，即降低证明标准和转移证明责任。这是学者们就此展开学术探讨的逻辑起点，同时这也是他们在这个问题上表现出一种"集体无意识"的症结所在。

他们认为，在现代法治话语体系下的刑事司法应当突出权利保障的价值以区别于传统社会的刑事诉讼。与此相适应，在追诉犯罪时为了避免司法擅断，应当设立严格的刑事证明程序。在这样的刑事证明程序下，控方承担举证责任和"内心确信"式的证明标准是两大基本特色。而在这种语境下的刑事推定就成了一个相当尴尬的角色。从话语层次上分析，刑事推定毕竟与一般的刑事证明不同，它在基础事实和待证事实之间的逻辑联系是相对薄弱的，因此这就使据其而作出的定案事实具有更大的不确定性，从而带来潜在的合法性危机。然而，正如伯尔曼在分析刑讯逼供产生原因时指出的"形式的和理性的两方面证据经常使得在刑事案件中确定定罪依据变得十分困难"[1]，从合法到非法的语境演变也使得刑讯逼供作为举证不能情况下的事实认定方法成为历史。同为"证明困难解决体系"下的其他技术方法（如阶梯形罪名体系和严格责任等）在司法实践中又发挥着相当有限的作用。因此刑事推定又成为遂行刑事诉讼犯罪控制职能行之有效的方法。鉴于此，学者们在关涉该问题的学术探讨时，都自觉或不自觉地抱定了一种"鸡肋"心态——无论是主张法律推定且看起来颇有新意的"构成要件变更说"和"法定证据说"，还是在事实推定语境下进行的推定规则研究，都认为应当限制刑事推定的适用。

在他们的研究中，我们看到的实际上是一种先入为主的学术偏颇。第

---

[1] 郑飞：《证据种类法定主义的反思与重构》，《中国法学》，2024年第1期，第108页。

一，在没有对刑事推定的适用效果进行深入考察的情况下就理所当然地认为其在诉讼中起着降低证明标准和转移证明责任的作用。第二，将刑事司法看作一个权利话语的演绎场域，没有看到其中蕴含的国家权力运行的深刻逻辑，片面地认定刑事推定背离了现代刑事诉讼的价值取向。第三，无论是法律推定说还是事实推定说的主张者都没能充分找到支持其观点的理由，仅仅停留在权利保障的简体抒情层面，导致他们对刑事推定问题域和内涵认识的混乱。第四，他们没有将刑事推定与刑事诉讼中的宏观证明模式结合起来，使得这个问题的探讨既显得突兀又流于形式。综上所述，虽然学者们对刑事推定进行了广泛的关注，但这种关注却因为方法失当和视域狭隘而陷入深刻的话语困境中。

作为关涉治理的学问，法学与纯粹哲学从来就没有绝对的密切联系。为了避免对刑事推定问题的批判成为"约伯的安慰者"，同时也是为了与本文主题"中国问题"相呼应，着眼于中国社会背景和司法实践的分析就显得尤为必要。

诉讼的本质其实是事实再现（证明）的过程。诉讼的结果如何，可以说与其在多大程度上再现事实有关。按照福柯的观点，从法律形成伊始，犯罪控制就是刑事诉讼的基本功能，现代社会形成的权利意识（包括刑事诉讼的权利保障价值）实际上是国家治理能力空前强大后在政治话语层面上寻找的一种合法性支撑，其背后隐藏的逻辑是权力的不断有效化。质言之，在刑事证明中体现权利话语的一些技术设定（如严格的控方举证责任、极高的证明标准等）都必须依靠其社会中强大的治理能力和证据生成—收集机制。然而考察中国一直以来的追仿型法治建设进路，先是继承了苏联的"构成主义"事实观，后又移植了西方的权利话语和相应的制度——形成了严格的事实认定程序和标准。与之不相符合的是，中国的社会治理却远远达不到相应的程度，传统的熟人社会开始瓦解，现代"证照社会"也尚未形成。总而言之，在中国刑事司法语境下，证据的生成以及固定、适用机制仍有待健全。这种状态带来的结果是，国家对犯罪控制的实践与现行的刑事证明话语之间的矛盾。因此，为了实现犯罪控制的需要，就必须在规范之外、实践之中找到另一种事实认定的方法——刑事推定。笔者认为，刑事推定由于对定案事实的认定较为容易，在通常证明困难时发挥着广泛的作用，但它缺乏规范层面的正当性依据，只能借助通常的证明话语获得合法性支持。因此，在实践中，刑事推定起着普遍的"后台化"作用。

第二节　证明标准与证明责任的考察：
刑事推定的本体论探究

如前所述，一般认为在诉讼中刑事推定起着降低证明标准、转移证明责任的作用，这种先入为主的观点导致了对刑事推定的错误认识。究其原因，不仅是没有对刑事推定的本体进行正确的反映，而且也没有对"证明标准"和"证明责任"这两个界定工具进行深入的分析。

刑事推定从本质上来说是一个事实认知过程，从这个角度上来讲与一般的诉讼证明过程别无二致，二者的本质区别还是在于其认识论进路上。一般的诉讼证明（推论）遵循"证据性事实—推断性事实—要素性事实—要件事实"这样的逻辑进路，而刑事推定则忽略了推论的两大中间环节，实现了由证据性事实到要件事实的认知过程，在这个过程中起着连接作用——也是为这种过程提供技术上正当理由的一种"日常情理"（或者说常态联系）。从中可以看到，刑事推定之所以较一般的证明更容易实现事实的认定，是由于对思维（认知）环节的省略，而不是所谓的对证明标准的降低和对证明责任的转移。而且这种说法在证明标准和证明责任的理论场域内存在较为严重的问题。

诉讼主要与证明有关，证明标准是对推进诉讼进程所需证据数量和质量的要求。从规范意义上来讲，我国目前的刑事诉讼证明标准仍然是"铁板一块"，没有将各个诉讼阶段对证据的要求区分开来。但是在实践中，立案、侦查、起诉、审判阶段应当具备的证明标准是有所差异的，否则对不同的诉讼阶段的程序设置也就失去了意义。一般认为的刑事推定降低了证明标准，实际上在刑事诉讼各个阶段的证明标准都有所差异，笼统地认为它降低了证明标准是建立在客观证明之上一种"有问题"的话语表达。另外，在事实认定的主要场域——审判过程中，如果法官直接根据证据性事实推定出要件事实，表明其在内心已经通过证据事实与要件事实之间的常态联系形成了确信（或排除合理怀疑），与通过证明而达到事实认定的效果（符合证明标准）是一样的。这也说明了刑事推定并不起降低证明标准的效果。

对刑事推定在证明责任上的粗浅分析是对这个问题认识偏差的主要原因。实际上对单独的证明责任研究已经使得人们对证明责任这个问题的认识逐渐深入。在现代自由心证体系下，区分行为意义上的证明责任（提出责任）和结果意义上的证明责任（说服责任）已经成为很多学者的共识[①]。然而在对刑事推定中的证明责任研究上，对证明责任的界定仍然建立在"谁主张，谁举证"这样的话语表达层面。但实际上，推定仍然要依据证据事实作出，这种证据来源于对事实认定承担说服责任的一方的举证，而对推定的反驳实际上是另一方在履行提出责任。在整个过程中并不存在所谓的"证明责任的转移"。

需要指出的是，笔者所作出的"刑事推定在诉讼中并不起降低证明标准、转移证明责任的作用"这一论断建立在（应该）逐渐被合法化的自由心证语境下。而在中国传统"铁案观"的话语系统中，由于其对证据事实与定案事实之间关系"唯一结论"的要求，要适用刑事推定就必须降低"绝对化"的证明标准。因为在刑事推定的逻辑进路中，证据事实与待证事实之间建立因果关系的是基于"日常情理"的常态联系，这种常态联系本质上是经验归纳的产物而不是基于自然事理形成的"铁律"，因此，在或然性的刑事推定与"唯一结论"证明标准之间存在着不可调和的矛盾，适用前者必须以后者的"打折"为代价。同时，只有在定罪证明标准以及证据合法性的证明标准为非唯一结论的"事实确信"的语境下，前面所提及的证据提出责任才有合法性和认识论的合理性。因为如果法律规定的证明标准是要求达到唯一结论的"事实确信"，被告人是不承担提出证据责任的，其只需要分析和指出对方的证据没有形成唯一结论的证明就可以了[②]。但是，在这种情况下，如果适用刑事推定认定事实，被告人就必须承担举证责任以竭力避免其被定罪的不利后果。从这个意义上讲，在"铁案观"语境下，确实发生了证明标准的转移。近年来，在"铁案观"话语体系不断地被"问题化"的趋势下，特别是2012年《中华人民共和国刑事诉讼法》引入"排除合理怀疑"作为"事实清楚，证据确实、充分"的解释条款的背景下，我们应该敏锐地意识到：一方面应当对该条款的语义进行解释，使我国的刑事证明摆脱"铁案观"的束缚；另一方面，在证明标准转型的视野下对刑事推定等诸种证据规则加以解释，从而使这些证据规则更加合理、有效地发挥作用。

[①] 樊崇义：《刑事诉讼法学》，中国政法大学出版社，2009年，第288页。
[②] 周洪波：《迈向"合理"的刑事证明——新〈刑事诉讼法〉证据规则的法律解释要义》，《中外法学》，2014年第2期，第433页。

第三节　自由与秩序的权衡：刑事推定的价值论分析

从本体论角度对刑事推定进行的探究证实了在"自由心证"体系中，刑事推定在证明标准和证明责任层面并非起弱化的作用。但无法回避的是，在（有罪）事实认定上的便捷确实对固有的法治价值话语形成了挑战，这也是刑事推定受到质疑的根源。如果这个问题无法得到有效回应，那么即使否认了它在证明标准和证明责任上的弱化作用，也无法在实践和理论上为其合法性正名。为此，需要在更为宏观的价值论场域中对刑事推定进行分析。

刑事推定作为一个事实认定的技术方法在刑事诉讼中发挥作用。刑事诉讼的价值同时也是刑事推定建构与运行的目的。质言之，要对刑事推定的价值进行考察，以对其正当性进行评价，就必须对刑事诉讼的价值有所认识。刑事诉讼是一个权力技术与权利技术的聚合场域，是通过国家权力运行和个人权利保障机制所建构与演进的知识—法律体系/进程。近代以来，基于西方法学家和思想家对权利的发现与呐喊，人们似乎更加关注权利的保障和运行。考察中国三十余年来的追仿型法治建设进路，其在很大程度上也受到了欧美的影响，专注于权利的话语表达。然而实践证明，权利的保障，除了自身的技术操作以外，在更大程度上依赖于权力运作的规范。正是忽视了这个问题，才造成了当下中国刑事司法领域中权利保障话语与实践的脱节。在对一些现代性问题的总结、反思过程中，诸多学者愈发清醒地体会到，当下社会中应当更加注重秩序本位，因为只有建立在秩序基础上的自由才是真正的自由。当下社会治理手段中，有一种关于社会是否能够通过人为手段予以控制的观点一直受到讨论和争议，部分社会学家也主张用一种理性主义推动社会的规范治理；同时，权利逻辑的表述方式也陷于工具理性的桎梏之中。仅此而言，福柯的理论或许更为深刻。他指出，社会发展史就是权力不断有效化的历史，西方国家在这种有效化的追求过程中经历了一个从"司法国家"经过"行政国家"最终向"治理国家"的转型。在此背景下，国家通过多种监视和规训手段来收集个人的日常信息并且通过其他社会控制手段来加强社会治理，而传统社会所依靠的"主流"方式——刑事司法却面临"边缘化"的境地。这种权力转移表明，如若缺乏必要的社会控制手段，那么这种权利保护措施则更像是"无源之水，无本之木"，缺乏保障条件，最终成为一种"不带剑的契约"，无法落实到实践中。当然，这种权力转移并不意味着刑罚作为一种社会控制手段就可以被束之高阁,刑罚的保留不仅是"自娱自乐式"的权力进行合法化与有效化的需要,而且有些危险性/犯罪性只能通过刑罚消解,因此,刑事推定这种技术方法就成了保护社会安全的一种需要。另外,福柯也指出,尽管现代权力对人的控制能力大大提高了,但它仍然有其软弱的一面。在现代刑事司法中,裁判者往往不得不根据形式化的证据作出判决。这样看来,刑事推定实际上就是权力无能性的一个必然结果。由此看来,虽然刑事推定基于其本身的技术性特征与"自由"这一价值有所冲突,也不符合权利保障的法治话语,但是它符合了现代社会对秩序的基本需求。在证据生成机制尚且不发达的中国社会,它所受到的话语批判其实是言过其实的。

第四节　微观与宏观的并重：
刑事推定的内涵展开及进路构想

我们从本体和价值两个层面分别回应了刑事推定受到的不当质疑,但这还不足以让我们对刑事推定这个概念的范围进行一个明确的界定,从而使其在理论和实践中得到恰当的研究和适用。一般认为,刑事推定包括法律推定和事实推定。前者主张推定可以在法律规范中加以规定。但笔者认为"法律推定"其实并不属于推定的范畴,将法律推定界定为推定的一种,实际上是对推定的问题域和推定的本身性质认识不清。

正如前文所述,刑事推定是由证据性事实到要件事实的一个认知过程,作为事实认定机制的一种,它实际上起着与一般的刑事证明相同（或至少近似）的作用。它与证明一样,必须按照一定的程序（如举证和质证）在刑事诉讼中才能完成。而在诉讼中,单纯的事实认定并不会直接影响到当事人的权利和义务——它还必须通过实体法律规范的指引。因此,刑事推定本质上是一个程序法上的问题。很多学者出于权利话语的逻辑而承认所谓的"法律推定",认为可以将这个过程在（实体）规范中固定下来,从而以法律的稳定性抑制刑事推定"滥用"的可能性。这种观点实际上因为受限于传统的客观证明模式的话语牢笼而忽略了刑事推定的本质——它是（一般）证明困难视野下的一种事实认定方法。质言之,所谓的"法律推定"由法律规范直接规定,在逻辑演进上遵循"法律规范＋基础性事实－'推定事实'"这样的思维进路。这实际上是一个法律适用过程而不是事实认定过程——并不是诉讼法意义上的"推定"。所谓"推定事实"实际上已经是一种法律结论。反观事实推定，立足于具体的诉讼过程，在证据有限、事实难以证明的情况下通过"日常情理"在基础性事实与推定事实间构建联系，符合认识论的基本规律，属于一种事实认定的过程，是严格意义上的"推定"。

另外，如果承认所谓"法律推定"，将诉讼中的事实认定过程在法律规范中固定下来，让它形成一种"法定证据制度"或者"第二犯罪构成要件"，则有违反一般的诉讼规律和违背刑事推定存在的初衷意义之嫌。刑事推定本身就是基于犯罪控制需要和证据生成—收集机制薄弱而产生的。在刑事司法实践中的个案事实是相当复杂的，任何刑事案件基于大部分犯罪的隐蔽性特征都可能存在证明困难的问题。而法律规范本身的外延是封闭的，根本无法对司法实践中哪些个案存在证明困难或者哪些案件需要运用刑事推定来实现特定的刑事政策进行准确的预测和调整。因此，如果将刑事推定在规范中加以规定，不仅无法与目前的司法实践相呼应，无法正常发挥刑事推定的积极作用，而且可能造成规范与实践的脱节，影响到法律的稳定性和实效性。

有学者在以刑事证明方法为视角对刑事程序进行比较研究时指出，我国在司法实践中逐步总结出一套具有强烈实用主义特色的证明模式。这种方法排斥一些无论是在现代西方法治国家还是在本土传统的刑事司法中都普遍接受的惯常做法。以我国古代"五听"决狱为例，这种通过观察当事人言谈举止的方式以断定当事人陈述真伪性的推定证明方式，它的合理性在一定程度上被肯定；但其本身在当下中国刑事证据体系中是不具有合法性特征的。同时，与西方的刑事证明模式比较而言，我国要求认定案件事实的证据必须具有客观真实性，这也能从我国刑事诉讼法研究对证据三性的界定中观察得知；但西方刑事司法则并无此类特殊规定。在证明方法合法性问题上，我国与西方国家的区别主要在于两者对证明结论是否合法的法律规定以及逻辑论证模式。因此，如同前者要求以客观（证据性事实和推理机制）为事实认定的要素被称为"客观证明模式"，后者是以"情理推断"为认知进路而实现或然性证明的"情理推断"模式。而刑事推定与两种宏观证明模式是否契合则是其在刑事诉讼中能否正确适用的又一个关键问题。

在客观证明模式下，要求运用必然性自然规律使证据和特定的待证事实之间形成认识路径唯一的必然联系。该模式对于证据的来源和形式都有着严格要求——进行事实认定的证据必须与案件之间具备"生成"关系，而且对"客观事实"的认定需要在一个证据体系下进行综合判断。甚至，在这种证明模式下，法官的心证过程也被要求是"客观"的。在这种语境下，刑事推定这种主要依靠情理在证据与待证事实之间建立联系的一种事实认定方法显然是难以接受的。毕竟，在社会生活中，很难由一个具体的现象（事实）的出现就必然推断出另一种现象（事实）的发生。或者说，由一个事实的存在直接判断另一个事实的存在，很大程度上依靠的是直接的日常经验而不是严谨的客观规律和推理过程。

在情理推断模式中，进行证明所依据的不是必然规律而是具有或然性的自然事理和人情事理。这种证明模式在证据来源、证据组合和心证过程方面与客观证明模式均有所不同。情理推断模式可以运用"辅助证据"（与待证事实不具备生成关系但可能或实际为其他与待证事实具有一定程度的因果关系的行为现象存在、发生而直接或间接形成的各种"痕迹"）进行证明。而且其证据组成和心证过程都较客观证明模式更为自由。这种证明模式为刑事推定提供了合法的存在空间。因为刑事推定所依据的同样是一种日常情理——只是这种联系在具体适用过程中的逻辑进路较一般的诉讼证明更为宽松。

在中国目前的刑事司法中，在话语层面上推崇在证据与待证事实之间建立必然联系的客观证明模式，无论是在法律规范上还是在司法话语中，都主张"事实清楚，证据确实、充分"。但在司法实践中，在客观证明的话语表象之下我们却能够发现辅助证据、情理判断和结论的或然性等情理推断模式的要素。例如，在刑事侦查中广泛使用的"破案线索"（实际上是辅助证据）往往对案件的事实认定起着重要的作用。因此，为了缓解刑事证明话语与实践的紧张状态，有必要在刑事诉讼中将包括刑事推定等情理推断的技术方法的合法地位确定下来。

第五节　刑事推定的完善路径

虽然刑事推定在司法实践中有相当大的作用空间和实然意义上的价值正当性，但是其相对于通常情况下的诉讼证明来讲毕竟有着简化事实认定过程的作用，从而使有罪的事实认定变得容易。同时也为现实中的不正当使用创造了条件（但这并不意味着它作为一个证据规则或者事实认定机制本身是不正当的）。首先我们应该肯定这样的技术方法存在的意义，但是更值得考虑的是如何在司法实践的进路中使它正常地发挥作用。

从宏观角度来讲，最重要的是要对刑事推定和证明模式的关系做明确的界定。质言之，就是要使当前的刑事证明模式合理化，消解刑事推定的（话语）合法性危机。正如前文所述，我国目前的证明方法模式是"客观证明表象化，情理推断后台化"。因此就理论上来讲是没有刑事推定存在的空间的。这样一来，围绕着刑事推定所进行的理论研究、规则设计和适用都无法展开。刑事推定实际上陷入一种"暗箱操作"的境地，反而可能导致推定被不正当使用和司法擅断。这样就形成了一种悖论——为了防止权力滥用而抑制刑事推定的存在，但这种抑制本身又为它的滥用创造了条件。因此，为了避免这种悖论，应当对我国目前的证明模式进行技术上的修正。具体说来，至少应当对目前的刑事证明标准进行修正，从规范到实践上都应当放弃固有的"客观真实论"——这不仅可为刑事推定的存在创造空间，也可为其他的证据制度和诉讼制度的完善创造条件。另外，还应当在规范上将刑事推定的合法性地位加以明确（并不是像"法律推定"那样对个案的推定过程进行明确），以便其能够在实践中正常地发挥作用并且使其从后台化走向公开化，同时方便对其进行法律上的规制。

从微观角度来讲，就是要从技术上消解因它的独特认识论进路所带来的司法擅断的危险。具体说来，就是要为一个事实认定过程设置反证这一道"栅栏"，这样既是对权利的真正保障——能够使被告人对这种"容易定罪"的事实认定机制有抗辩的机会，同时也是对刑事推定本身的一个检验。而在刑事推定中允许反证又有一个关键性难题需要解决——什么程度上的反证能够有效推翻刑事推定。这实际上又关涉到反证的证明标准问题。就理论上来讲，反证的证明标准主要有"提出反证推定无效""优势证据""排除合理怀疑"这几种。首先，如果确立"提出反证推定无效"这一标准，确实能够成为被告人对抗刑事推定的依据，但是刑事推定本身就是在证明困难时为了达到控制犯罪之政策而设立的，这种标准的设立势必会使刑事推定的这一功能无法发挥。其次，如果设立"排除合理怀疑"标准的话，在控方尚且证明困难的情况下还对本身取证能力弱的辩方设立如此高的"证据门槛"显然是不合理的，这样会使得反证的设立失去作用。相对合理的是介于二者之间的"优势证据"标准。因为在刑事推定之中，认定（有罪）事实的证据本身是薄弱的，在这种情况下辩方取得优势证据相对容易，而"优势证据"表明了"无罪"的可能性较"有罪"的可能性更大，这样也不至于影响刑事推定作用的发挥。这种标准既达到了保障被告人权利的目的又满足了犯罪控制的需要，实现了刑事诉讼价值的平衡。

本章就笔者所发现的刑事推定在理论和实践中存在的问题进行了分析、总结，并试图对这些问题进行简单的回应，最终认为刑事推定在理论和实践上都有存在的正当理由。同时本章也涉及一些笔者在刑事诉讼法或者说刑事证据法领域的一些基本立场，这或许与大多数人的关注点都不一致。笔者认为，刑事诉讼中的权力运作逻辑比单纯的权利保障话语更加值得关注。因为在现代社会，权力有效化是大势所趋，刑事推定正是这种趋势在证据法领域的一种体现。对待刑事推定，我们所应该做的不仅仅是站在道德主义的高度对它进行观望甚至批判，而应该从理性思辨的角度出发，冷静地思考它在刑事诉讼中如何有效地发挥作用。

第六章　庭审实质化背景下的量刑事实证明问题研究

我国刑事司法受到"重定罪、轻量刑"理念影响，刑事审判场域中存在片面重视定罪的现象，相较而言量刑问题就被隐没在"定罪问题"的话语阴影之下。近年来，一些具有量刑争议的案件不断曝光，量刑问题也愈发引起我国司法实务界重视。基于此，最高人民法院出台《人民法院量刑程序指导意见》，最高人民法院、最高人民检察院等5部门出台《关于规范量刑程序若干问题的意见》，指出我国刑事审判中应当适用相对独立的量刑程序。同时，《刑事诉讼法》也对量刑程序的相对独立地位作出规定："法庭审理过程中，对与定罪、量刑有关的事实、证据都应当进行调查、辩论。"但是，作为量刑程序背后核心支撑所在的量刑事实证明问题却未得到应有的重视，刑事庭审实质化也难以在量刑层面实现。

笔者认为，证明问题是事关量刑程序改革成败的关键所在，量刑事实的证明方法、证明责任、证明标准等一系列要素的缺失将会导致量刑程序运行所依赖的事实支撑付之阙如，最终使得量刑程序改革流于虚化，无法起到规范量刑的目的。故此，笔者认为应当在定罪程序与量刑程序相对分离的制度基础上，认真区分量刑事实的范围和性质，并构建与之相契合的证明责任和证明标准的适用规则，为刑事庭审实质化的实现提供理论支撑。

第一节　量刑事实概念探微

量刑程序的运行仰赖其背后证明对象的认定，此证明对象也即量刑事实。量刑事实既是量刑证明的逻辑起点，也是量刑证明的最终归宿。关于量刑事实概念这一问题，最高人民法院、最高人民检察院等5部门在2020年11月发布的《关于规范量刑程序若干问题的意见》等文件以及理论研究成果中,都涉及"量刑事实"与"量刑情节"两种表述方式。笔者认为,前者主要是程序/证据法上的指称,凸显其"待证事实"的意涵;后者主要是实体法上的指称,是法官在作出实体裁判时的考虑对象。但就概念所指涉的对象本身而言,应属"一体两面",本质上并无差异。

所谓量刑事实,也即量刑所依据的事实,指用来说明被告人是否需要判处刑罚以及应当判处什么样刑罚的事实,其包括反映被告人行为社会危害性及人身危害性的从重、减轻、从轻以及免除刑事处罚的事实[1]。从比较法的角度而言,《德国刑法典》规定:"法院在量刑时,同时关注行为人的主观动机、行为的客观危害及反映行为人个人情况的其他事实(履历、人身和经济情况),综合权衡有利和不利于犯罪人的情况。"日本学者松尾浩也在量刑事实的研究过程中指出,量刑事实是指法院裁判时应当综合考虑的广义情节,包括属于犯罪事实的部分("犯情"),以及不属于犯罪事实的部分(狭义的情节)[2]。所谓"犯情",包括犯罪行为的手段方法、犯罪结果等,还包括与犯罪事实有密切关系的事项(犯罪的起因、犯罪的准备状况等)。狭义的情节包括涉及被告人方面的因素(前科、生活经历等)和涉及被害人以及社会方面的因素(损害的赔偿、社会情况的变化、被害人感情的强弱等)[3]。

综合上述规定和研究内容,笔者认为应当从"量刑事实与定罪事实之间的关系"入手,做如下划分:

(1)与定罪事实相关的量刑事实。该类事实本身就具有双重属性且与定罪事实不具有可分性,也即松尾浩也所指的"犯情",其既在认定被告人行为是否构成犯罪方面具有影响,同时也对被告人的量刑产生影响。最高人民法院在《人民法院量刑程序指导意见》中对此类事实做了一定的列举,例如,限制刑事责任能力人犯罪、故意犯罪的停止形态以及共同犯罪中的主犯身份等。上述事实都具有一定的特性,如限制刑事责任能力人这种主体身份,既是认定其行为是否构成犯罪的要件,也是在量刑程序中需要予以考量的内容。

(2)与定罪事实无关的量刑事实。我国也有学者将之称为纯粹的量刑事实,即该类事实只会影响被告人定罪后的刑罚轻重,而不会对认定被告人行为是否构成犯罪产生影响,此也即"狭义的情节"。从刑法的惩罚和保障功能而

---

[1] 闵春雷:《论量刑证明》,《吉林大学社会科学学报》,2011年第1期,第106页。
[2] [日]松尾浩也:《日本刑事诉讼法》,丁相顺译,中国人民大学出版社,2005年,第277页。
[3] 王双飞:《比较法视野下的量刑事实证明标准》,《量刑研究》,2019年第2期,第195页。

言，笔者认为能够实现上述目标的、非归属于定罪事实的其他事实，都可以纳入量刑事实的此种分类范围。最高人民法院在《人民法院量刑程序指导意见》中也有列举规定，包括被告人在犯罪之前的一贯表现（主要指前科、累犯、偶犯情况），以及被告人在犯罪之后的表现（主要指悔罪态度以及弥补犯罪危害的行为）。上述事实本身与法院正在裁判的案件事实并无联系，但能够对被告人的人身危险性、认罪态度作出一定的评断，成为量刑程序依据。

基于司法实务中对量刑事实认知的惯常模式，以及构建合理量刑事实证明方式及证明责任分担制度的需要，笔者认为从"对被告人是否有利"的角度出发，将量刑事实划分为"罪重量刑事实"（累犯、前科等）和"罪轻量刑事实"（立功、坦白等）亦具有一定的研究和借鉴意义。

（1）罪重量刑事实。当出现罪重量刑事实时，法官会在正常量刑标准上提高量刑的幅度，实现对被告人行为的加重处罚。例如，对于累犯这样一种罪重量刑事实，我国刑法规定应当对被告人从重处罚。

（2）罪轻量刑事实。作为与罪重量刑事实相对应的概念，司法裁判中出现罪轻量刑事实时，法官应当在正常量刑的标准上降低量刑幅度，对被告人从轻、减轻或者免除刑罚。例如，对于自首这样一种罪轻量刑事实，我国刑法规定可以从轻或者减轻对被告人的处罚。

相较于前类基于量刑事实与定罪事实关系的分类标准，这种以"是否有利于被告人"而划分量刑事实的方法，更容易在司法实务中操作和理解。笔者下面对量刑事实证明方法、证明责任划分、证明标准的论证，也是在上述两种分类方法的基础上展开。

对于量刑事实的分类，除了上述两种较为常见方式，理论研究及司法实务中还存在如下方式：①以是否有法律明文规定，可以分为法定量刑事实（自首、累犯等）和酌定量刑事实（一贯表现、生活状况等）。②以量刑事实形成的时间，可以分为罪前量刑事实（前科、一贯表现等）、罪中量刑事实（犯罪手段、犯罪对象等）和罪后量刑事实（自首、退赃、退赔等）。③以量刑事实的属性不同，可以分为社会危害性事实（犯罪行为针对多名被害人，犯罪对象是救灾、抢险、防汛、优抚等款物）和人身危险性事实（累犯、前科等）。需要注意的是，不同分类方法包含的量刑事实可能存在重叠交叉，我们需要在具体案件中对量刑事实进行考量，通过对其准确合理定性，确保量刑程序有效运作。同时，笔者认为对量刑事实的上述分类，可以为证明方式的选择、证明责任的分配、证明标准的建立和完善提供必要前提。

第二节　量刑事实的证明方式

所谓量刑事实的证明方式，是指运用法定的证据调查方法，对与待证量刑事实相关的证据按照具体证明标准予以审查，以确认该事实是否成立的过程。证明方式是诉讼法理论中的重要概念，通常可分为严格证明和自由证明，量刑事实的证明方式也可以涵盖于内。所谓严格证明，指审判过程中，司法官对事实的认定应当建立在明确的证据规则基础上，认定事实所依托的证据应当符合法定形式、具有证据能力且需接受控辩双方的质证。所谓自由证明，指审判过程中，司法官认定事实时对证据的形式和证据能力要求并不甚严格，一般意义上的传闻证据、品格证据也可以进入证据适用范畴；同时，自由证明对证据调查程序没有严格的规定，司法官可以据此在一定范围内自由裁量，径行作出判断。理论研究中，有学者认为自由证明和严格证明在证据形式要求、调查程序、心证程度方面存在显著区别。换言之，二者在证据范围的界定、证明标准的适用、证据的提出和调查方法方面存在差别。所以司法实务中，结合量刑事实自身的特性和两种证明方式的内容要求选择合适的证明方式，是确保量刑程序顺利进行的前提条件。

我国有关证明方式的研究立场和视角多立足于宏观的理论思考，缺乏具体的技术层面指导，关于量刑事实的证明方式研究多属学者的"一家之言"，尚未达成共识。司法实务中对量刑事实证明方式的认知处于一种涂尔干所言"集体无意识"的状态，且主要争论点集中在"定罪事实与量刑事实是否适用不同的证明方式"和"量刑事实的证明是否应当适用统一的证明方式"这两个问题上。大陆法系部分国家未对定罪程序和量刑程序做严格区分，这似乎意味着在司法实务中应当对定罪事实和量刑事实按照同样的严格证明方式予以证明。但日本对于定罪事实和大部分的量刑事实，却采用不同的证明方法。日本学者松尾浩也认为，对于犯罪事实中的量刑事实和犯罪事实外的量刑事实可以适用不同的证明方式，前者必须适用严格证明，而后者在一定程度上可适用自由证明[①]。同样，我国也有学者认为，"适用于由控方负责证明的重大事实争议案件（普通程序中被告人不认罪的案件、普通程序中的死刑案件、重大程序性争

[①] ［日］松尾浩也：《日本刑事诉讼法》，丁相顺译，中国人民大学出版社，2005年，第282页。

议的案件）适用严格证明，控辩双方无重大争议案件事实的证明、量刑事实及请求的证明及由被告方主张的有利于己的事实及请求则适用自由证明。"[1] 笔者认为上述理论研究成果和学说都具有一定的借鉴意义，同时基于我国正探索适用定罪量刑相对分离模式，针对量刑事实采取有别于定罪事实的证明方式，对不同性质的量刑事实适用不同的证明方式，也属法律应有之意。

笔者认为根据法律规定以及待证量刑事实的性质，应当对"与定罪事实相关的量刑事实及与定罪事实无关的罪重量刑事实"适用严格证明方式，而对"与定罪事实无关的罪轻量刑事实"适用自由证明方式。因定罪事实涉及被告人行为性质的定性问题，属于认定被告人行为是否构成犯罪的要素，自然应当以权利保障和程序正义为重，坚持采用严格证明方式，确立最高证明标准，确保无辜者不被定罪。而且定罪事实的认定在刑事诉讼中具有基础作用和连锁效应，一旦发生错误认定，将在"源头上破坏水源"，对整个诉讼活动产生不可逆的影响。因此，刑事诉讼中对定罪事实的证明应当坚持严格证明标准。而作为与定罪事实相关的量刑事实，鉴于其本身就与定罪事实不具有可分性，例如被告人在故意犯罪中是否具有中止行为，这既是评价被告人行为是否构成犯罪的因素之一，也是在被告人一旦被确定为有罪后而应当考量的量刑事实之一。既然二者具有不可分性，那么就应当"就高不就低"，统一采取严格证明方式，确保证明过程的严肃性。所以笔者认为对于"与定罪事实相关的量刑事实"应当适用严格证明标准。同时鉴于"与定罪事实无关的量刑事实"具有多样性，根据不同的量刑事实类型，选择不同的证明方法，则更有利于在程序公正和诉讼效率二者之间实现平衡。首先，对于"与定罪事实无关的罪重量刑事实"，例如累犯、前科等，这些量刑事实本身与正在裁量的定罪事实无关，似乎无须采取类似定罪事实那样的严格证明方式。但考虑到此类罪重量刑事实如果被认定成立，那么其直接后果即是对被告人在正常量刑标准上升格刑罚的适用，以实现对被告人的从重处罚。因此，笔者认为，从权利保障的角度出发，凡是属于对被告人不利、加重被告人负担的事实和情节，都应当采取严格证明方式，需通过法定的程序认证、质证，才能对被告人适用，以此体现国家适用刑法权时在程序和实体方面的严肃性，防止自由证明在罪重事实证明方面的不当适用而侵害被告人权利。其次，对于"与定罪事实无关的罪轻量刑事实"，例如自首、立功以及被告人提交的社会调查报告，因此类事实在总体上是属于对被告人有利的事实，即使事实认定错误，也只是涉及定罪无误基础上的部分量刑瑕

---

[1] 闵春雷：《严格证明与自由证明新探》，《中外法学》，2010年第5期，第684～685页。

疵，而且不会对被告人产生不利后果。同时此类事实范围较为宽泛，既包括法定事实类型也包括社会报告等法定形式以外的酌定事实，对于酌定量刑事实采取自由证明方式并无不妥。

综上所述，笔者认为对量刑事实的证明方式选择并非一成不变，而需根据案件具体情况具体分析，结合待证事实本身性质选择恰当证明方式。在量刑程序中正确适用严格证明和自由证明具有重要意义。

首先，就严格证明而言，其适用意义有以下两方面：一是限制法官自由裁量权。严格证明对于证据形式及证据能力、证据调查程序、心证程度有极其严格的要求。审判中法官采纳证据，必须严格遵守证据规则，在公开的法定调查程序中经过举证、质证之后才可以作出判断，而不能依自由裁量权径行作出判断。与定罪事实相关的量刑事实关涉被告人重大实体权利，司法实践中一定要进行慎重的证明，选择适用严格证明方式并经过法定的证据资格审查和证据调查程序，有助于确保案件真实的发现。二是保障被告人诉讼权利。严格证明对程序正义和控辩双方程序参与度要求较高，被告方的询问权、质证权、辩护权等权利皆在严格证明指导下的证据调查程序中实现。严格证明方式要求对与定罪相关的量刑事实证明应当遵守法定证据规则，例如，证据必须具有法定形式，非法证据必须排除于法庭之外，不得作为定案的证据；品格证据、意见证据不得作为定罪证据采纳；对证据的调查必须按照法定的程序等。

其次，在严格证明方式下，量刑事实的结果认定具有制度上的保障，从此意义上而言，其对被告人诉讼权利保护方面所起的作用是显而易见的。相较而言，自由证明的主要功能在于：一是提高诉讼效率。严格证明体现了对程序正义的追求，但是正义不是诉讼中唯一的价值，诉讼效率也属于诉讼中应当考量的重要因素。自由证明对于证据形式、证据能力、心证程度要求相对低一些，法官可以不经过法定调查程序径行自由裁量，这将会节约人力、物力，加快证明的进程。如果在现有司法资源配给状况下，对所有事实均完全采取严格证明，司法运行难以为继，而且不具有合理性。笔者认为对于与定罪无关的罪轻量刑事实采取自由证明方式，既能够体现对被告人实体权利保障的重视，也有助于实现效率价值的目标追求。二是有利于维护被告人实体利益。量刑事实的提出主体及内容都具有多样性特征，如对量刑事实一概采取严格证明方式，这对被告人而言是十分苛刻的，也将导致许多量刑事实因不能达到证明标准而无法认定。从理论研究和司法实务而言，诸如被告人提供的与定罪无关的罪轻量刑事实，因其不影响定罪事实的认定，无须采取严格证明标准。如果对这些事实的证明一律按照法律严格规定，将极大限缩酌定量刑事实的范围，一些对被告人有利的事实无法进入量刑程序。而自由证明在一定程度上可以弥补严格证明的"僵硬性",确保部分酌定量刑事实也可以进入司法官的裁判视野,充实量刑事实的内容,确保量刑事实的证明能够更加合理地保护被告人实体利益。

第三节 量刑事实的证明责任

在独立量刑程序改革之前,诉讼中定罪事实和量刑事实并没有被严格限定和界分。定罪量刑一体化特征在诉讼体制中较为明显,同时我国向来有"重定罪、轻量刑"的传统,理论研究和司法实务更多地注重定罪事实的证明责任分配问题,而忽略各诉讼主体在量刑事实上的证明责任分配,甚至有以定罪事实证明责任类推适用量刑事实证明责任的做法。我国《刑事诉讼法》第五十二条规定:"审判人员、检察人员、侦查人员必须依照法定程序,收集能够证实犯罪嫌疑人、被告人有罪或者无罪、犯罪情节轻重的各种证据。"根据此项法律规定,控诉方不仅要对定罪事实承担举证责任,也要对犯罪情节这样一类量刑事实承担举证责任。此项规定似乎也印证了"以定罪事实证明责任类推适用量刑事实证明责任"做法的合理性。但是,既然司法实践中已经将量刑程序作为一项相对于定罪程序而独立存在的诉讼程序予以推行,那么量刑事实的证明责任理应与定罪事实证明责任有所区别。

一、无罪推定原则在量刑事实证明中的适用问题

无罪推定原则是刑事诉讼中的重要原则,其基本含义指刑事诉讼中任何受到追诉的人在未经司法程序的最终判决为有罪之前,都应当被推定为无罪的人。一般认为控诉机关承担被告人有罪的证明责任也是从无罪推定原则中推演而来的。在定罪程序和量刑程序未作相对分离改革之前,我们对无罪推定原则的适用范围并未做过多考量,但当意识到司法实践中定罪程序和量刑程序事实上可以作为两个相对独立的程序存在时,那么在定罪程序中奉为核心原则的"无罪推定"原则及其推演出的由控诉方承担定罪事实证明责任的原则,在量刑程序中能否继续适用就有待思考。笔者认为无罪推定原则在定罪程序中的适用主要体现在两个方面:一是从证明责任的分配角度而言,无罪推定原则指出在定罪程序中应当由控诉方就提出的认为被告方有罪的事实承担证明责任,而

被告一方无须承担证明自己无罪的责任。二是当控诉方提供的证据不能在定罪方面达到排除合理怀疑标准时，应当依据该原则作出有利于被告人的解释。但笔者认为在独立量刑程序中，无罪推定原则将不再适用。因为从刑事诉讼程序的进度而言，独立量刑程序在刑事诉讼进度中位列定罪程序之后。换言之，一个案件只有经过定罪程序，才有可能进入量刑程序，定罪是量刑的必要不充分条件。所以，一个案件如果能够进入量刑程序，被告人的行为性质必然已经被作出定性，其行为首先应当构成犯罪，然后才有谈及量刑的空间和适用基础。此时针对被告人的定罪活动已经归于完结，控辩双方的争议焦点已经不再限于被告人是否构成犯罪，而强调的是在构成犯罪的前提下应当对被告人处以什么样的刑罚。换言之，进入量刑程序后，被告人构成犯罪的事实已经得以确认，其已经在法律上和诉讼程序上被认定为有罪，那么在量刑程序中，一个有罪之人自然丧失了适用无罪推定原则的前提和基础。

二、量刑事实证明责任的分担问题

如前所述，基于被告人行为性质在定罪程序中已经得到确认，被告人进入独立量刑程序之后，其属于有罪之身，无罪推定原则在量刑事实的证明问题上并不继续适用。从量刑事实及程序的自身特点出发，笔者认为在量刑事实的证明问题上，应当主要坚持"谁主张，谁举证"的证明原则，并以此来划分控辩双方对证明责任的承担，具体方式如下：

（1）检察机关对"与定罪相关的量刑事实"和"与定罪无关的罪重量刑事实"承担证明责任。刑事诉讼规定检察机关对于定罪事实负有举证义务，考虑到与定罪相关的量刑事实本身既是定罪事实也是量刑事实，所以此类量刑事实的证明应当按照定罪事实的标准由检察机关承担证明责任。但是有一种观点认为检察机关应当只对"与定罪事实相关的罪重量刑事实"负有证明责任，而对"与定罪事实相关的罪轻量刑事实"仅基于检察官的客观公正义务负有提出证据的责任，而并不承担证明责任。因为通说认为证明责任总与不利后果——对应，负有证明责任的一方如果不能有效举证，将承担不利后果。具体到罪轻量刑事实上，检察机关如若对此负有证明责任，那么举证不力的后果（认定被告人罪轻事实的证据不被采纳）应当由检察机关承担，但事实上，这种不利的后果却由被告人承担（被告人无法得到较轻刑罚）。所以，此类观点认为检察机关仅基于客观公正义务对罪轻事实负有提出证据的责任，而与之相关的证明责任仍然应当由被告人承担。上述观点从举证不力后果承担主体的角度出发，反向论证证明责任分配方式。笔者认为这种观点未能充分考虑"与定罪事实相关的量刑事实"这种不可剥离的特殊性质，例如，对于未成年人犯罪，被告人年龄这样一种特殊的事实既属于犯罪构成要件之犯罪主体中的考虑因素之一，也是量刑环节需要考虑的量刑事实。笔者认为，被告人年龄作为犯罪构成要件的事实，必须在定罪程序中由控诉方举证经过严格证明才能作出最终认定。既然该项事实已经由控诉机关在定罪程序中经过严格证明，那么其自然无须再经过自由证明。换言之，对于与定罪相关的量刑事实（无论其是罪轻事实还是罪重事实），基于其双重属性，控诉机关必须对其在定罪程序中采取严格证明的方式，以达到诉讼的目的；检察机关在定罪程序中对定罪事实承担证明责任的同时，理所应当地将与定罪事实相关的量刑事实的证明责任也一并承担。所以，笔者认为检察机关应当对"与定罪相关的量刑事实"承担证明责任，只需考虑其是否与定罪相关，而无须考虑其是罪轻事实抑或罪重事实。同样，对于"与定罪无关的罪重量刑事实"的证明，笔者认为此类事实虽然与定罪无关，但其仍属于对被告人不利的事实。刑事诉讼中，如需加重被告人的负担，应当由检察机关进行举证，这也符合我国刑事司法的原则和要义。

（2）被告人对"与定罪事实无关的罪轻量刑事实"承担证明责任，检察机关对自己掌握的此类事实负有提出证据的责任。在"与定罪事实无关的罪轻量刑事实"项下，笔者认为可以以是否由法律直接规定划分为两类，主要包括法定的自首、立功事实以及酌定的有利于被告人的社会调查报告、被告人事后补救行为说明、获得被害人谅解等量刑事实。

首先，对于法定的罪轻事实，在司法实务中只有侦查机关才有可能基于强大的追诉地位全面掌握被告人的自首、立功、故意犯罪停止形态等此类罪轻情节；被告人基于人身自由限制及取证能力有限，如若由其负责就法定罪轻事实证据的提出，无疑是强人所难。所以，笔者认为检察机关基于客观公正义务对办案过程中掌握的有利于被告人的法定罪轻量刑事实负有提出证据的义务，对由己方掌握的酌定罪轻量刑事实也负有提交线索的义务，即应当将相关线索和证据移送法庭供法官裁判，被告人也有权要求检察机关就与法定罪轻量刑事实相关的证据移送法庭。但这种证据移送行为，其本身并不是对上述罪轻事实承担证明责任的体现。因为上述罪轻事实举证不利的后果是由被告人而非检察机关承担，所以与定罪事实无关的罪轻事实的证明责任由被告人承担。被告人及其辩护人获得该类证据后，应当整理上述证据材料，组织论证过程，就被告人罪轻的事实承担证明责任，并承担证明不能所带来的不利后果。

其次，对于酌定罪轻事实，其与法定量刑事实具有明显差异，对于诸如社会调查报告、事后补救行为的事实证明并不会因为控辩双方在刑事诉讼中的地位差异而影响该类证据的取证,也即上述罪轻事实并不需要过高的证据搜集能力和侦查手段,被告人及其辩护人完全有能力搜集相关证据并主张对自己有利的事实。同时,对罪轻量刑事实的证明目的是降低被告人量刑处罚,被告一方往往也对罪轻证据的举证具有较高的积极性,证据的搜集工作也较为完备,其具有承担与定罪事实无关的量刑事实证明责任的客观可能性和主观能动性。

第四节 量刑事实的证明标准

我国《刑事诉讼法》第五十五条规定:"对一切案件的判处都要重证据,重调查研究,不轻信口供。只有被告人供述,没有其他证据的,不能认定被告人有罪和处以刑罚;没有被告人供述,证据确实、充分的,可以认定被告人有罪和处以刑罚。证据确实、充分,应当符合以下条件:(一)定罪量刑的事实都有证据证明;(二)据以定案的证据均经法定程序查证属实;(三)综合全案证据,对所认定事实已排除合理怀疑。"从体系解释的角度出发,第一款规定"定罪量刑的事实都有证据证明",与之并列的第三款规定"综合全案证据,对所认定事实已排除合理怀疑"。笔者认为《刑事诉讼法》的此项规定不仅仅是对定罪事实的证明标准,也是对量刑事实的证明标准。由此可见,我国刑事诉讼过程中对事实的证明统一坚持"案件事实清楚,证据确实、充分",而忽略了定罪事实与量刑事实之间的差异和证明标准的多样性。相较于定罪事实证据体系的法定性,可以进入法官视野的量刑事实十分广泛且不限于法律规定,对所有量刑事实均要求达到排除合理怀疑这一证明标准不具有现实操作性。实施量刑程序改革以来,最高人民法院、最高人民检察院等5部门出台的《关于规范量刑程序若干问题的意见》和《最高人民法院关于常见犯罪的量刑指导意见》并未对量刑证明标准作出规定。在各地方法院各自出台的办案指南中,也仅发现上海市浦东新区法院的《量刑程序指导意见》第十七条规定,证明对被告人从重处罚的事实,应当达到事实清楚,证据确实、充分的标准;证明对被告人从轻、减轻或者免除处罚的事实,达到较大可能性程度即可。因此笔者认为,应当在结合待证量刑事实本身性质、证明方法、证明责任的基础上,重新梳理确立多元化的量刑事实证明标准,充实完善整个量刑事实证明的内容。

第一，与定罪事实相关的量刑事实以及与定罪事实无关的罪重量刑事实，应当坚持排除合理怀疑的证明标准。我国刑事诉讼法在证明中引入"排除合理怀疑"的表述，以增加证明标准的可操作性。"排除合理怀疑"来源于英美法系，域外判例中很少对"排除合理怀疑"给出明确定义，通常会通过对"什么是合理怀疑""什么不是合理怀疑"等概念进行反向论证，以此实现对"排除合理怀疑"的解释适用。美国法学家威格摩尔认为，对这种捉摸不定和不可能确定的思想状态，要做出更加详细的解释，是不明智之举。笔者认为可以借鉴英美法系的做法，从"合理怀疑"的角度来理解"排除合理怀疑"。量刑事实证明中的排除合理怀疑可以这样理解：对全部量刑证据分析之后，还存在矛盾疑点，则不予认定该量刑事实。笔者认为，对于与定罪事实相关的量刑事实应当坚持排除合理怀疑的证明标准。因为此类量刑事实与定罪事实相关，二者本身就具有不可分性。我国虽然尝试适用定罪程序与量刑程序相对分离的模式，但是仍无法将此类具有双重属性的事实截然分开认定，而是在定罪程序中通过法庭调查、法庭辩论中适用严格证明方式进行一并审查。所以对于此类与定罪事实相关的量刑事实，应适用较高的证明标准，即排除合理怀疑。而且我国侦查终结、审查起诉所需要达到的证明标准均为"案件事实清楚，证据确实、充分"，因此承担证明责任的控诉方在举证时并不困难。

同时，对于与定罪事实无关的罪重量刑事实，也应当坚持排除合理怀疑的证明标准。因为此类量刑事实如果成立，将会加重被告人刑罚负担。作为控诉方的检察机关为了达到惩罚犯罪的目的，在罪重事实的证明问题上坚持适用定罪事实的证明标准也属法律应有之意。如果在证明过程中对罪重事实的证明不能达到排除合理怀疑的标准，就不应当对被告人适用更重的刑罚。例如，指控被告人是累犯，就必须按照排除合理怀疑的证明标准认定被告人在受过刑罚后5年内又故意犯罪的事实，如果将无法认定被告人构成累犯，则不应当对其适用从重处罚的量刑情节。

第二，与定罪事实无关的罪轻量刑事实，应当坚持优势证据的证明标准。"优势证据"一直被认为是民事诉讼中重要的证明标准，有时也称为"盖然性占优"，我国刑事诉讼中证明标准单一，鲜少有"优势证据"的提法。但笔者认为，在涉及与定罪事实无关的罪轻量刑事实证明中，采取优势证据证明标准更符合司法实践要求，也有利于量刑程序的顺利进行。在民事案件中，通常所用证据之优势一语，系指证据力量较为强大，更为可信者而言，足以使审理事实之人对于争执事实认定其存在更胜于其不存在，因此，所谓证据之优势，也即盖然性之优势①。笔者认为量刑中的优势证据还不能完全按照民事诉讼中的优势证据规定理解，因为刑事司法毕竟在程序正当性以及权利保障方面较民事诉讼更高，其主要涉及国家刑罚权的实现问题，而非平等主体的意思自治。因此，笔者认为刑事诉讼中可能性的比例应该高于民事诉讼，对量刑程序中优势证据证明标准可作限缩解释，即经过罪轻量刑事实调查、辩论之后，认为罪轻量刑事实存在的可能性大于其不存在的可能性能够达到"清晰且令人信服的"证明标准，介于"排除合理怀疑"与传统的"优势证据"标准之间，确保法官的内心确信程度达到75％左右，方可认定罪轻事实的成立。对于定罪事实外的罪轻量刑事实证明适用优势证据标准具有如下两方面原因：

首先，如前所述量刑事实的证明与定罪事实的性质具有一定的差异。定罪事实的证明具有基础性特征，一旦对其产生错误认定将影响整个刑事诉讼，并带来错案风险。而量刑事实的证明则完全不同，量刑事实一般涉及的是刑罚量的多少、刑罚方式的选择，而且整个案件中，量刑情节众多且不关联，因此不存在"一步错、步步错"的情况②，并不会因为降低量刑情节的证明标准，而给诉讼带来不可逆的风险。因此在证明与定罪无关的量刑事实时，可以适用优势证据证明标准。

其次，笔者认为此类罪轻量刑事实的举证主体都是被告人一方，该方主体取证能力较弱；若对被告人提出的罪轻量刑事实也采取严格证明，很多有利情节因无法达到排除合理怀疑的证明标准未被采纳，反而不利于保障被告人权益。相反，对罪轻量刑事实采取优势证据证明标准，降低被告人在罪轻量刑事实（多属酌定罪轻情节）上的证明难度，将更多的量刑事实纳入法官的裁判视野，可以提升被告人参与量刑程序的积极性，更好地保障其合法权益。因此，笔者认为对于这些事实适用自由证明方式为妥，被告人只需对自己所主张的罪轻事实举证达至优势证据标准即可。例如，被告人主张生活拮据，只需要证明生活拮据的可能性大于生活状况良好的可能性，就达到了证明标准。

此外，笔者需要明确的是，在真伪不明的情况下，也即被告人对自己主张的罪轻量刑事实无法达到优势证据标准而未被法官采纳时，无须作出有利于被告人的解释，也即视为其不存在。因为从诉讼阶段上而言，如果在刑事诉讼中涉及与定罪无关的量刑事实的证明，那么其必然已经过定罪程序且认定被告人行为构成犯罪。作为有罪之身的被告人，已经在定罪程序中受到过"存疑有利

---

① 李学灯：《证据法比较研究》，台湾五南图书出版公司，1992年，第397页。
② 汪贻飞：《论量刑程序中的证明标准》，《中国刑事法杂志》，2010年第4期，第53~54页。

于被告"原则的保护,如果在量刑程序中,继续适用此原则,既加大公诉机关的证明力度,又存在不必要过度保护的倾向。此时,被告人为了自身利益,通过提出罪轻证据与国家追诉权分庭抗礼,就应当对自己所主张的事实承担证明责任。在与定罪无关的罪轻量刑事实证明的过程中,不适用"存疑有利于被告的"的原则,反而有助于提高被告人提供证据,努力证明的积极性,也可以合理分配各方证明责任,以助量刑事实的查清。例如,被告人对于积极赔偿被害人经济损失,并取得谅解的量刑事实,就需要证明自己积极给予被害人经济上的补偿、进行赔礼道歉,而且被害人出具了书面的谅解协议,综合认定达到了清晰且令人信服的证明标准时,方可采纳该量刑事实。对于上述的量刑事实,如果未达到相应的证明标准,法官可视为不存在,同时在量刑裁判上也无须坚持"从疑有利于被告人"的原则。

第五节 庭审实质化中的量刑事实证明的完善

  我国的刑事证明理论主要是以定罪为中心构建起来的,在我国认罪率较高的情况下,诉讼主体尤其是被告人可能更为关注量刑问题,而量刑证明是实现合理量刑的关键,但是对于量刑证明立法上和理论研究上都没有足够重视,导致司法实践中量刑证明活动面临无章可循的窘境。同时,量刑证明与定罪证明的混同也是造成刑事诉讼证明困难,特别是主观事实证明困难的程序法主因。因此,在建立相对独立的量刑程序这一制度前提已经初步实现的情势下,对量刑证明诸要素的深入研究就显得极为迫切。在当前刑事庭审实质化的背景下,笔者认为还应当从以下几方面完善量刑事实的证明问题。

  第一,强化量刑信息收集。庭审实质化要求法官全面审查各种法定和酌定的量刑信息,不管是有利于还是不利于被告的情节都要考虑,对那些与量刑有关的事实进行专门的调查以作出最公正的判决。由于量刑信息涵盖犯罪行为和犯罪人两大方面的信息,范围相当宽泛,它包含犯罪原因、成长经历、家庭情况、社会关系、平常表现等信息,是一个极其复杂的程序,需要耗费更多的时间和精力。充分收集证据是组织诉讼各方对量刑问题展开充分辩论、深挖案件起源的前提条件,对于量刑究竟能否帮助被告人重新回归社会以及能否达到一般预防的社会效果进行必要的评估,有助于法官作出恰如其分的判决。

  第二,适用酌定量刑情节,把握好全面考量、禁止重复评价和个别化的原则。全面考察犯罪构成事实情节以确定案件性质，尽可能罗列出法定量刑情节，再挖掘能够反映社会危害性和人身危险性的其他事实情况，并将这些事实情况同犯罪的性质相比较，最终确定哪些属于案件的酌定量刑情节。禁止重复评价体现量刑的独立性，指的是某一情节一旦作为犯罪构成事实情节，就不能再作为酌定量刑情节重复适用。

　　第三，被害人对量刑过程的参与。量刑程序不同于定罪，被害人与被告人参与量刑决策过程是完全平等的，从实质上看，两者已经具备类似于民事诉讼中的原告和被告的关系，被告人不再享有任何优越于被害人的诉讼保护，这几乎是没有任何理论障碍的。相对于被告人而言，被害人不仅可以从形式上平等地参与量刑决策的过程，提出本方的量刑意见，而且可以积极地期待法院对量刑产生平等的结果。被害人在量刑程序中有不同于公诉人的利益诉求，即寻求最大程度的从重量刑，而公诉人站在国家和法律利益角度强调客观公正立场，在量刑程序中不可能等同于被害人，也就不可能充分考虑被害人利益，与被害人发表一致的量刑意见替被害人完成诉讼。

第七章　刑事涉案财物处置及程序性规则

第一节　刑事涉案财物处置的现状与问题厘清

随着社会的发展，刑事犯罪中暴力类传统犯罪已经明显减少，经济犯罪、网络犯罪等成为主要犯罪类型，并且随着认罪认罚从宽制度的推行，目前经济犯罪中被告人普遍对定罪量刑争议不大，反而对涉案财物处置存在较大争议。刑事涉案财物涉及的问题是一系列的，主要包括审前对涉案财物强制措施的采取、涉案财物的保管与移送、审前先行处置与先行返还、涉案财物裁判、涉案财物裁判执行。司法实践中突出问题是涉案财物查证不到位、查控存在任意性、保管不规范、移送不顺畅、信息不透明、处置不及时、救济不到位等，严重损害当事人合法权益，严重影响司法公信力[1]。涉案财物审前存在的问题一直在理论界饱受诟病，很多学者也提出了不同的观点，而对于涉案财物审理裁判方面的理论关注却较少。笔者认为，涉案财物处置的裁判结果在很大程度上体现了法院对涉案财物最终的处置结果，裁判结果的规范化能够反向助推涉案财物处置前阶段所存在的问题。因此，本章将从刑事涉案财物的裁判情况反向入手，通过对裁判情况的实证研究，挖掘涉案财物处置结果存在的问题并进行分析，提出对涉案财物处置程序规则的改进建议。

---

[1] 张先明：《切实规范刑事诉讼涉案财物处置工作——中央司改办负责人就〈关于进一步规范刑事诉讼涉案财物处置工作的意见〉答记者问》，《人民法院报》，2015年3月5日第004版。

一、刑事涉案财物处置立法现状及评析

目前关于刑事涉案财物的立法主要有《刑事诉讼法》《刑事诉讼法司法解释》《公安机关涉案财物管理若干规定》《人民检察院刑事诉讼涉案财物管理规定》《人民检察院刑事诉讼规则》《关于办理黑恶势力刑事案件中财产处置若干问题的意见》。其中，《公安机关涉案财物管理若干规定》《人民检察院刑事诉讼涉案财物管理规定》主要从公安机关、检察机关的视角对其所涉及的涉案财物查控、保管、移送等管理层面作出规定和操作指引。这说明目前实践中对于涉案财物管理方面的难题正在逐步解决。《关于办理黑恶势力刑事案件中财产处置若干问题的意见》主要针对黑恶势力犯罪中涉案财物认定争议较大的问题，对黑恶势力组织应当被追缴、没收的财产认定等实体判断标准作出规定，属于目前司法解释中较为具体的实体性规则。另外，关于涉案财物处置方面的审理和裁判规则却相当匮乏，《刑事诉讼法》中仅第二百四十五条是关于涉案财物裁判的内容，系 2012 年修订时首次从立法层面明确法院在判决时应当对查封、扣押、冻结的财物作出处理，但对于公诉机关审查起诉的内容、法庭调查、辩论的内容中以定罪量刑有关的事实、证据为主，没有加入涉案财物的内容。现有立法和司法解释中对于刑事涉案财物的审理与裁判程序已形成雏形，但缺乏具体程序与规则上的构建，大致存在四个方面的缺失：

第一，《刑事诉讼法》并未对涉案财物的调查审理作出原则性规定，导致涉案财物调查审理缺乏法律层面的依据。这也是实践中庭审长期缺乏对涉案财物审理的主要原因。

第二，涉案财物调查的程序性规则缺乏体系，不够全面，有待进一步完善。比如，庭前会议中是否所有案件都必须先行听取双方关于涉案财物的意见或是特定案件或情形下应当听取双方意见，庭前会议中公诉机关是否可以进行举证，庭前会议中双方发表意见后是否会产生相应的法律后果，所有庭审过程中涉案财物调查公诉机关是否明确承担举证责任，辩方是否有权举示证据反驳公诉人的意见，涉案财物的调查与定罪量刑事实调查的关系以及程序上的先后顺序，案外人参与涉案财物调查的具体程序规范。

第三，检察机关在涉案财物审理中的职责与义务并不明确。《刑事诉讼法司法解释》规定公诉机关在庭审中应当对查封、扣押、冻结财物及其孳息的权属、来源等情况，是否属于违法所得或者依法应当追缴的其他涉案财物等说明情况、出示证据、提出处理建议，同时规定法庭辩论阶段双方就涉案财物处理

所涉及的事实、证据应当展开辩护，这似乎是明确了检察机关在涉案财物审理中承担了与指控定罪量刑同样的公诉义务。但《刑事诉讼法司法解释》《人民检察院刑事诉讼规则》对检察机关审查起诉内容、起诉书内容的规定缺乏涉案财物处理的审查与处理意见，这对公诉机关职责要求是不明确的。

第四，涉案财物调查所遵循的证据规则、证明标准。刑事诉讼中确实、充分的证明标准系针对定罪量刑，对于涉案财物处置的证明标准是否适用同样的标准或者是民事的盖然性标准，理论上一直存在争议。

二、刑事涉案财物裁判的实践现状

由于涉案财物审理、裁判仅有初步的规定，所以实践中涉案财物的审理、裁判程序不完善、处置不规范。笔者将选取一类刑事案件的裁判文书作为研究对象，通过统计该类刑事判决书中关于涉案财物的裁判内容，切实掌握实践中法院对于司法解释中裁判内容规定的执行情况，从而分析出涉案财物处置存在困境的原因。

首先，关于裁判文书样本选择的分析。笔者选取了非法吸收公众存款罪刑事判决中关于涉案财物处置的判项作为研究对象，原因在于：第一，非法吸收公众存款案件中涉及涉案财物定性种类和处置措施多样。非法吸收公众存款罪一般有多名被告人通过对外宣传向不特定对象吸收存款，必然涉及违法所得、犯罪工具，可能涉及供犯罪使用的个人财物，同时处置措施包括返还集资参与人款项和没收。第二，非法吸收公众存款案件系涉众型经济犯罪，涉及财物的事实审理认定内容复杂，更容易暴露涉案财物裁判可能存在的问题。如果是简单的盗窃罪案件，判决只有将盗窃物品返还被害人或者在盗窃物品价值内责令被告人退赔，裁判内容简单，法院不容易对判决内容忽略。因此，笔者通过中国裁判文书网随机选择了3000份非法吸收公众存款罪的判决书。

其次，关于判项分类统计的方法确定。笔者对涉案财物判项进行统计分析的目标系调查司法实践中刑事判决书对于刑事诉讼法司法解释中涉案财物裁判规定的执行情况，因此对于研究对象的判项统计分别依据刑事诉讼法司法解释中不同要求进行分类，非法吸收公众存款罪中涉案财物裁判应当包含的内容大致分为三个方面：第一，从案件事实查明方面来看，非法吸收公众存款案件审理中应当对被告人供犯罪使用的本人财物以及违法所得的数额进行认定，如果存在多名被告人，则应当对每名被告人涉及的数额进行分别认定。如果被告人在审前主动向法院上缴了违法所得（现金或实物资产），应当对上缴现金数额及实物资产进行审理确认。被告人供犯罪使用的本人财物或违法所得中尚未足额退缴的部分，应判决责令被告人退赔。如涉及多名被告人或多名被害人的，在判项中应当载明每名被告人应承担责任的数额大小以及每名被害人应获赔偿的损失数额大小。第二，从查封、扣押、冻结的财物审理方面来看，法院应当对检察机关随案移送的查封、扣押、冻结财物的来源、权属、性质等进行审理，并对其是否属于犯罪工具、违法所得进行认定裁判。经审理后认定为被告人违法所得，应判决返还给集资参与人或予以没收（超出应返还集资参与人的部分）；认定为被告人用于犯罪的财物，应判决返还给被害人或予以没收；认定为被告人合法财产，则应判决用于执行财产刑后返还被告人；认定为案外人合法财产的，应判决解除查封、扣押、冻结措施，返还所有权人。第三，从涉案财物审前处置的审查方面来看，对于审前程序中法院已经先行处置或返还集资参与人的财物名称、数额、集资参与人名单等均应在判决中予以体现。

根据上述裁判内容应然层面的梳理，再结合实践中涉案财物部分的判项内容的情况，笔者大致总结了以下七种情形：第一种是判项中完全未对涉案财物处置进行判决。第二种是判项中仅作原则性判决，即照搬法条进行判决，并没有进行任何实质性判断，比如，"违法所得予以追缴""责令被告人退赔涉案投资人的经济损失"[①]，"在案扣押、冻结款项分别按比例发还集资参与人；在案查封、扣押的财产变价后分别按比例发还集资参与人；不足部分责令继续退赔并按照同等原则分别发还"[②] 等。第三种是判项中仅对追缴或责令退赔的数额予以判决，不涉及已经退缴或退赔在案的款项，比如，"继续追缴被告人姚某某违法所得人民币×××元，一并发还给上述被害人"[③]。第四种是判项中仅对已经退缴在案的款项作出了处置，不涉及尚未追缴到案的违法所得数额。第五种是判项中既对已经退缴在案的款项作出了处置，还对剩余应当继续追缴或责令退赔的违法所得数额作出了判决认定。比如，"扣押在案的被告人违法所得人民币×××元，按比例发还相应投资人，继续追缴被告人吸收公众存款造成的剩余经济损失人民币×××元，返还给各相应投资人"[④]。第六种是判项中对查封、扣押、冻结的具体财产信息作出处置决定，比如，"对扣押在案的现金人民币×万元及查封的川J4××××车辆、川JS××××车辆依法予以追缴；对位于遂宁市船山区×××社的土地依法处置，用于退赔各集资参与人的经济

[①] （2019）浙0212刑初904号刑事判决书。
[②] （2019）沪0106刑初714号刑事判决书。
[③] （2019）晋0824刑初165号刑事判决书。
[④] （2020）吉0113刑初360号刑事判决书。

损失"①。第七种是判项中仅判决涉案财物由扣押（公安）机关依法处置，比如，"扣押在案的物品由扣押机关依法处理"②、"×××公安局查封的房产与商品，由查封机关依法处理"③ 等。具体统计结果如图 7-1、图 7-2 所示。

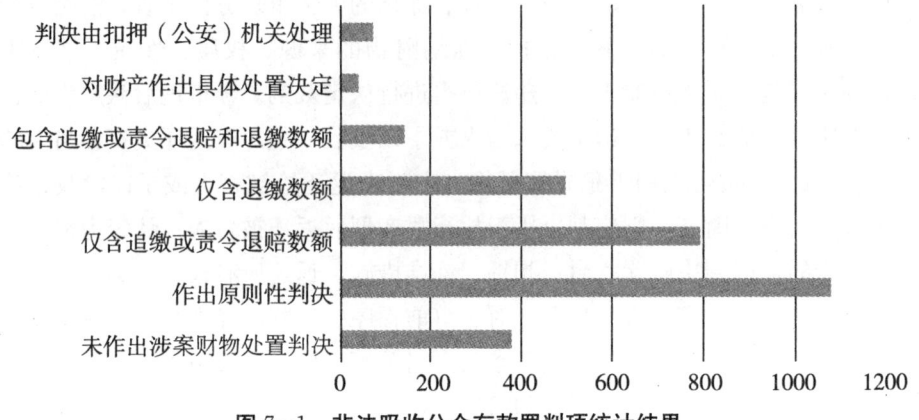

图 7-1　非法吸收公众存款罪判项统计结果

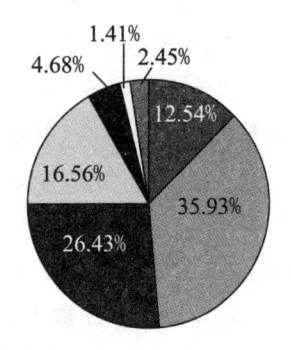

图 7-2　非法吸收公众存款罪判项统计结果百分比

---

① （2020）川 0903 刑初 360 号刑事判决书。
② （2019）川 1702 刑初 299 号刑事判决书。
③ （2019）黑 1085 刑初 10 号刑事判决书。

三、涉案财物处置存在的问题

根据上述统计结果可知，实践中涉案财物裁判主要存在以下几方面重要问题：

第一，部分裁判文书中并未对涉案财物作出实质性裁判。根据统计结果，有高达48.47%的裁判文书判项中完全不涉及涉案财物处置或仅作原则性判决，这类判决反映出法院实际上对案件中查封、扣押、冻结的财物并未作出实际的处置结果，甚至没有对查封、扣押、冻结财物的性质、归属等进行审理。无论是法律规定还是刑事诉讼程序的原理，刑事案件中的涉案财物均应当由法院通过审理、裁判后作出处理结果，如果判决书中对于涉案财物处置是完全缺失的，最终将由执行局甚至办案机关代为作出处置，沦为"以执代审"，导致对涉案财物处置的司法控制权旁落。在大多数情形下，法院执行局确定违法所得的对象与范围，然而，在执行阶段获得正确处理的可能性却很小。实践操作中，执行局能采用的主要手段是举行听证，征询当事人和案外人的意见，通常只能对当事人和案外人达成共识、自愿承认的部分予以执行。如果执行局怠于行使职权，对财物进行扣押、冻结的决定机关可能会主导财产的处置[①]。

第二，部分裁判文书中涉案财物裁判内容不完整、不具体。有42.99%的裁判文书判项中只有追缴（或责令退赔）或已退缴违法所得其中一项数额，同时包括两项数额的只有4.68%，而能够对查封、扣押、冻结的财物在判项中作出具体处分的仅有1.41%。非法吸收公共存款案件中普遍涉及将涉案被告人违法所得返还给集资参与人，往往集资参与人人数众多，统计的裁判文书中基本上对于不同被告人分别涉及的违法所得数额能够区分判决，但绝大部分没有对集资参与人各自的赔偿损失分别认定，所有统计对象中只有298份判决书中体现了投资人损失认定名单，但认定方法不一，大致分为三类：判决后直接附名单[②]、判项中载明详见鉴定报告或审计报告中的名单[③]、投资人人数不多的直接在判项中写明集资参与人的姓名和退赔金额[④]。无论是追缴（或责令退

[①] 方柏兴：《刑事涉案财物处置程序的诉讼化及其限度》，《兰州大学学报（社会科学版）》，2019年第1期，第55页。
[②] （2019）浙0681刑初557号刑事判决书。
[③] （2019）豫1702刑初281号刑事判决书。
[④] （2019）苏0981刑初217号刑事判决书。

赔)、退缴数额,或者集资参与人名单、应退赔数额,均系法院应当作出裁判的内容,如果法院无法对上述内容作出完整的判决,被判决遗漏的事项同样会沦为由执行局或办案机关"越俎代庖"。

第三,部分裁判文书中涉案财物裁判存在明显错误。典型的有两类:一类是 2.45% 的案件中直接判决查封、扣押、冻结的财物由扣押(公安)机关依法处置,显然是违反了法律规定,比如,"被穆棱市公安局查封的房产及商品,由查封机关依法处理"①,甚至有的判决中载明"查封的房产退回检察院"②;另一类是并未区分物证证与涉案财物,比如,刘某、崔某非法吸收公众存款案中判项第四项为"在案扣押的笔记本电脑、POS 机、营业执照、印章、合同等依法没收"③,营业执照、合同系书证并非涉案财物,不应作为犯罪工具予以没收,而应作为证据随案保存。

四、涉案财物处置不规范的成因分析

涉案财物处置属于刑事诉讼中的制度问题,通过实证研究反映出目前涉案财物出现处置不规范的诸多现实问题,成因分析一般从两个角度进行:一是制度规范是否完善、具有可操作性,二是制度规范在落实过程中是否存在其他现实因素阻碍。

第一,虽然现有刑事诉讼法司法解释中对于涉案财物审理、裁判内容的规定是相对完整、明确的,对于法官进行审理、作出裁判具有一定的可操作性,并非涉案财物处置不规范的根本原因。但涉案财物处置中仍然存在缺漏,有待完善,这些缺漏是涉案财物处置不规范的成因之一。一是立法层面上刑事诉讼法中法庭调查、辩论的内容没有明确规定包含涉案财物,导致涉案财物在刑事案件法院审理工作中受到冷遇。二是刑事诉讼法司法解释中着重对法院判决内容的规定,缺少在前端环节——审查起诉阶段中检察机关对于涉案财物处置的证据审查、处理建议的要求。三是刑事诉讼法司法解释中对于涉案财物审理的程序性规则不够全面,比如,缺少证据规则、证明标准将会导致实践中涉案财物审理含糊不清。

第二,涉案财物处置在实践中执行情况不佳的一个原因是部分法官对涉案

---

① (2019)黑 1085 刑初 10 号刑事判决书。
② (2019)京 0105 刑初 458 号刑事判决书。
③ (2019)津 0101 刑初 53 号刑事判决书。

财物处置观念淡化。本次统计样本中有 12.54％案件完全没有对涉案财物作出裁判，在一定程度上也反映出实践中有一定比例的案件中法官甚至没有对涉案财物进行审理，这类案件说明部分法官对于涉案财物裁判规定缺乏认识，并不知悉涉案财物应当在法院审理阶段进行调查并作出裁判，仍然停留在以往刑事案件只需要审理清楚定罪量刑问题的传统状态中，更加没有意识到现在刑事案件中涉案财物合法、合理的处置同样直接影响着被告人和被害人、案外人的合法权益，是案件是否公正办理的重要标准之一。

第三，本次统计中出现占比最大的案件系涉案财物裁判内容不完整或存在错误的判决，即法官在裁判时有意识对涉案财物作出处理结论，但并没有认真、全面地按照刑事诉讼法司法解释中所规定的裁判内容全面形成判决，由此说明涉案财物出现不规范的另一主要成因系法官对涉案财物处置规范的理解和执行不够准确。

第四，本次统计中还存在部分案件中出现认定错误或使用非法定术语等问题，进一步说明实践中法官对于涉案财物处置方面的规范、规则等缺乏准确的认识。

第二节　刑事涉案财物证明的疑难解析
——以涉黑犯罪案件展开

一、刑事涉案财物证明的实践难点

涉案财物的处置分为四个部分：违法所得、被害人合法财产、供犯罪使用的本人财物、违禁品，涉案财物的证明问题则是从查封、扣押、冻结在案的财物中进行甄别，证明被查封、扣押、冻结是上述四项中的哪一项，从而进行相对应的处置措施。违禁品一般是很容易认定的，那么司法实践中的难点主要在于违法所得、被害人合法财产、供犯罪使用的本人财物，而涉黑财产具有来源多元化、资产形态多样化、所涉法律关系复杂化等特征，且同时存在涉黑组织成员有意毁灭罪证、拒不交代等，致使涉案财物来源、权属、性质和价值难以查清，就更加难于进行司法证明①。所以涉黑犯罪案件中的刑事涉案财物处置是最为复杂、困难的，以下将以涉黑犯罪案件中的刑事涉案财物证明为例来分析涉案财物证明的实践难点。

(一) 刑事涉案财物认定范围

1. 关于违法所得认定范围

首先，违法所得顾名思义是指被告人因为实施犯罪行为而获取的违法财物，然而涉黑犯罪案件具有一个特殊性，就在于它的犯罪行为存在两种类型：一种是黑社会性质组织成员单独或合伙实施的具体的犯罪行为，比如，故意伤害、寻衅滋事、强迫交易等，这部分的违法所得认定是相对直接、简单的，与其他案件的违法所得证明基本一致。另一种是多名被告人组成的这个整体组织因为符合黑社会性质组织的四个法定特征而构成组织、领导、参与黑社会性质组织罪，那么黑社会性质组织成员在组织存续期间所实施的与组织有关的违法行为所获取的经济收益也是属于违法所得。这部分的违法所得证明就存在严重困境，一般黑社会性质组织的领导者违法所得较好认定，对于领导者一般都是判决没收个人全部财产，只要依法认定黑社会性质组织的存续时间，领导者在此期间所赚取的经济收益基本都可以认定为需要没收的违法所得。但是也存在争议情况，随着法治社会的不断进步，部分黑社会性质组织为了规避法律的惩治而逐渐进行"洗白"，由最初的违法犯罪活动赚取经济收益，转化为进行合法经营牟利，那么对于这部分合法经营牟利的收益该如何认定？笔者认为，查清合法经营的资金来源是关键，比如，被告人设立公司的资金是否是黑社会性质组织存续期间获取的违法所得，根据《最高人民法院、最高人民检察院、公安部、司法部关于办理黑恶势力刑事案件中财产处置若干问题的意见》第十五条的规定，黑恶势力组织及其成员通过违法犯罪活动或者其他不正当手段聚敛的财产及其孳息、收益，同时第二十二条明确所称的收益包括获取财产投资、置业形成的财产及其收益，如果资金来源全部是违法犯罪而来，那么就应当属于违法所得的收益，依法予以追缴。另外，根据第十五条的规定，黑恶势力组织及其成员通过合法的生产、经营活动获取的财产或者组织成员个人、家庭合法财产中，只有实际用于支持该组织活动的部分应当予以没收。也就是说，合法财产生产、经营活动只要不是用于黑社会性质组织活动，可以不予认定为违法所得。

---

① 张向东：《黑社会性质组织犯罪涉案财物的处置困境及应对》，《中国刑事法杂志》，2019 年第 1 期，第 88 页。

其次，黑社会性质组织的违法所得中还有一个比较特殊的类型，同样根据《最高人民法院、最高人民检察院、公安部、司法部关于办理黑恶势力刑事案件中财产处置若干问题的意见》第十五条的规定，其他单位、组织、个人利用黑恶势力组织及其成员违法犯罪活动获取的财产及其孳息、收益应当予以没收。也就是说，对于涉黑案件中不仅应当关注黑社会性质组织本身违法犯罪的违法所得，还应当查明是否存在其他非组织成员利用黑恶势力组织及其成员违法犯罪活动获取的财产，也应当依法认定为违法所得。显然如何论证该部分违法所得是的确利用了黑恶势力组织、成员进行的违法犯罪活动则成为证明难点。

最后，关于违法所得的认定难点不仅在于范围的广泛性，还在于转移形态的多样性。一般的案件也会存在资产转移的情况，普通案件的犯罪行为持续时间较短，且普遍具有特定性、单一性，而涉黑案件持续时间往往长达十数年甚至 20 年，并且违法犯罪行为种类、次数较多，组织成员也存在一定变更，所以需要抽丝剥茧刺破表象侦查资产转移的情况，有效追回违法所得。哪些转移的资产属于可追回的范围？根据《最高人民法院、最高人民检察院、公安部、司法部关于办理黑恶势力刑事案件中财产处置若干问题的意见》第十六条的规定，对于第三人明知是违法所得而接受的，第三人无偿或以明显低于市场的价格取得涉案财物的，通过非法债务清偿或者违法犯罪活动取得涉案财物的应当予以没收。

2. 关于被害人合法财产的认定范围

被害人的合法财产是指对于存在被害人的犯罪事实中，被告人直接获取的被害人财产应当依法予以返还，难点往往在于因为犯罪所获得的财产究竟是属于被害人的还是应当没收的违法所得。涉黑案件中比较常见的涉及被害人作为犯罪对象的犯罪类型是诈骗罪、敲诈勒索罪、高利转贷罪等，那么通过这些犯罪行为所获取的经济收益应当明确返还被害人。比较有争议的是，对于以高利放贷为主要收益的黑社会性质组织，借款人已经缴纳的利息是否为被害人合法财产应当予以返还？笔者认为，对于这部分的认定应当分情况讨论，对于借款人支付的"砍头息"应依法认定为偿还的本金，对于借款支付的 36% 以内的利息也应认定为合法利息，对于超过 36% 部分的利息可以优先认定为偿还本金，对于以上偿还利息合计高于本金的部分可以认定为借款人的合法财产，应予返还。

3. 关于被告人用于犯罪的本人财物认定范围

被告人用于犯罪的本人财物在涉黑犯罪案件中也是比较容易存在争议的，

比较常见的可以分为两种情形来考虑认定：一是黑社会性质组织成立之初组织者所投入的原始资金，即使是被告人的合法收入，也应被认定为供犯罪使用的本人财物。比如，某黑社会性质组织主要以高利放贷为收入来源，因为实施放贷行为是需要原始资金投入的，所以会存在被告人将个人合法资金投入组织中，再不断用于高利放贷从而为组织积累更多经济收益，那么这部分合法资金投入则应当认定为用于犯罪的本人财物予以没收。二是黑社会性质组织成员在实施具体犯罪过程中可能投入的个人资金以及机动车、手机等财物。

（二）刑事涉案财物证明的证据要求

所有刑事案件侦查机关在侦查环节进行查封、扣押、冻结的涉案财物主要可以从两种类型入手：第一种类型是所有犯罪嫌疑人名下的资产；第二种类型是有证据线索证明是犯罪嫌疑人实施犯罪后转移到案外人名下的资产，这种类型资产一般可以通过犯罪嫌疑人资金去向来进行挖掘，或者直接通过其关联人（亲戚、情人、特定关系人等）名下的资产进行合法性排查。针对犯罪嫌疑人名下的资产需要收集的证据应当包括资产形成的时间和过程、所需资金来源、与犯罪行为的关联性（是作为违法所得还是合法资产进行查扣的），主要体现为犯罪嫌疑人供述、证人证言以及相应的购买凭证、银行流水等。针对案外人名下的资产证明就应更加严格，关键需要证明是该项资产与犯罪嫌疑人实施犯罪行为的关联性，属于依法认定为违法所得的法定情形，具体应当收集的证据包括权属证明（是否为代持）、所有权人与犯罪嫌疑人的关系、资产形成的时间和过程、所需资金来源、与犯罪行为的关联性、价值评估，主要体现在犯罪嫌疑人供述、证人证言以及相应的购买凭证、银行流水、评估报告等。

对于案外人在侦查过程中就提出权属异议的，应当重点根据案外人所提供的证据、主张，更加严格、有针对性地就涉案财物的真实权属以及是否为依法可以认定为违法所得证据进行调查取证，这样才能有效地在侦查环节就避免错误查封、扣押、冻结财产，同时也能够为后续刑事诉讼程序中依法追缴涉案财物奠定扎实的证据基础。

二、刑事涉案财物证明的解决路径

第一，针对实践争议难题构建统一的处理规则，形成较为一致的裁判结果。刑事涉案财物处置的基础在于现有的法律、司法解释规定，而司法证明的实践难点破解的第一步就是对相关规定的正确、统一理解，尤其是针对涉黑案件这种较为复杂，规定存在一些争议的情况，笔者建议最高人民法院可以通过出台典型案例、司法解释的方式来进一步统一认识，便于实践中不同地方公检法机关统一操作，只有尽可能减少制度、规定的空白，才能尽可能减少司法的腐败或者错误。

第二，涉案财物处置中仍然应当严格适用法定证明标准，由公诉机关承担举证责任，如果公诉机关的举证无法达到法定证明标准，那么就应当作出有利于被告人、利害关系人的判决，准确把握诉讼利益的平衡。对于涉案财物处置中适用什么样的证明标准，理论界存在不同的观点，有学者提出，域外大部分国家明确规定定罪没收的证明标准是适用优势证据标准，而我国没有明确的规定，但可以确定的是根据《刑事诉讼法》第五十三条的规定，我国只有定罪与量刑问题才适用排除合理怀疑的证明标准，其提出我国应当采用一种介于排除合理怀疑标准与优势证据标准之间的证明标准，即"明显优势"或"明晰而确信"的证明标准[1]。也有学者认为刑事涉案财物的认定和处理不仅涉及被告人的财产权，同时也是刑事判决的一部分，很多涉案财物直接关系到被告人的罪名及罪行严重性的认定，属于案件定罪事实和量刑事实的一部分，对于这些财物与犯罪行为关系的证明，本身即构成对被告人定罪量刑的重要证明内容，应当采用刑事诉讼排除合理怀疑的证明标准[2]。同时还可以参考学者对于特别没收程序证明标准的分析来进行论证，有实务界的观点认为，特别没收程序虽然从性质上属于刑事程序，但仅涉及财产利益，并且该程序不具有终局性和确定性，并且在犯罪嫌疑人、被告人逃匿、死亡的情况下，认定特定财物系违法所得难度太大，不利于发挥特别没收程序的预期功能，所以应当适用优势证据标准[3]。笔者认为，被告人在场的刑事涉案财物处置程序可以适用优势证据标准，主要有两点理由：一是刑事涉案财物处置虽然是关系到刑事犯罪，但其针对的仍然主要是财物权属、来源等问题，并不是定罪量刑，性质上更倾向于民事证明方面的问题，如果坚持适用排除合理怀疑标准的话，不利于对涉案财物的有效追缴；二是适用优势证据标准同样能够保障被告人、利害关系人的合法权益，相比于定罪量刑的抗辩，对于涉案财物的权属、来源等被告人、利害关系人系占有取证优势的，能够有效对抗公诉机关的公诉，对于公诉机关来说其履行了达到优势证据标准的举证责任之后，被告人、利害关系人同样可以举示

---

[1] 吴光升：《刑事涉案财物处理程序研究》，法律出版社，2018年，第213~215页。
[2] 乔宇：《刑事涉案财物处置程序》，中国法制出版社，2018年，第198页。
[3] 戴长林：《刑事案件涉案财物处置程序——以违法所得特别没收程序为重点的分析》，法律出版社，2014年，第94~95页。

证据，只要能够从反面达到优势证据标准反驳公诉机关，那么同样其提起的申请或抗辩理由可以得到支持。

第三，合理、有限地适用刑事推定在刑事涉案财物处置中运用，尤其是针对黑社会性质组织这类证明确实存在困难的案件。我国的巨额财产来源不明罪就属于典型的采用推定，举证责任倒置，尤其是受贿类案件对于财产来源的正向举证是相当困难的，而被告人作为信息优势的一方，如果财产来源确实是合法的，那么其必然可以提出有效的抗辩，甚至可以申请侦查、检察机关调取证据予以支撑。对于黑社会性质组织这类犯罪，如前所述，在财产是否为违法所得而来存在证明困难的时候，可以考虑对于某些特定情形下所形成的财产可以推定为涉黑财产予以没收。当然，如果被告人或利害关系人能够提出相反证据证明财产的合法来源则依法不予认定，但需要注意的是，涉案财物证明的推定必须是限制使用，只能在司法解释明确规定的特定情形下进行，不能扩大适用范围，否则就会损害被告人、利害关系人的合法权益。

第三节　相对独立性刑事涉案财物处置程序的提出

一、相对独立性刑事涉案财物处置程序的内涵

如前所述，我国涉案财物处置的相关制度改革相较于定罪量刑有关的刑事诉讼制度完善一直都是滞后的，受到的关注度不够，直到2012年《刑事诉讼法》修订时新增特别程序——违法所得没收程序。违法所得没收程序的设立标志着在刑事诉讼中一套独立于被追诉人刑事责任判定的对物处置的程序正式设立[1]。有学者认为，在违法所得没收程序中，只有提出相关申请的原告方，诉讼请求只针对特定的财物，而不针对特定的被告，是典型的"对物之诉"[2]。后来有学者将刑事诉讼中所有涉案财物处理均称为"对物之诉"，包括普通刑事案件中的涉案财物处理和违法所得没收程序中涉案财物处理；与之相反的处

---

[1] 汪建成：《论特定案件违法所得没收程序的建立和完善》，《国家检察官学院学报》，2012年第1期，第96页。

[2] 黄风：《我国特别刑事没收程序若干问题探讨》，《人民检察》，2013年第13期，第7页。

理被告人刑事责任的刑事诉讼程序则称为"对人之诉"①。"对物之诉"是指普通刑事审判程序中，由诉讼各方同时参与、法院基于法庭调查和法庭辩论对涉案财物作出裁判的诉讼活动②。还有学者提出，对物之诉是指检察机关代表国家对被告人违法犯罪所得提起的追缴之诉③。还有学者认为对物之诉针对的是违法所得等涉案财物的没收④。目前理论学界基本形成共识采用"对物之诉"来指代刑事案件中的涉案财物裁判处置程序，但最为典型的"对物之诉"仍然是被告人不在场的违法所得没收程序。鉴于我国案件数量庞大的客观困难，很难在被告人在场的刑事案件审理中设立完全独立的"对物之诉"。

"对物之诉"的本质特征是将涉案财物的处置置于诉讼程序中，通过控辩双方的举证、辩论以及裁判者的居中裁判来更加充分地对涉案财物进行调查，那么只要能够在现有的刑事诉讼程序中增加涉案财物有关的专门性调查，也能够起到相关的作用，不必对每个案件都设置完全独立的涉案财物调查，否则不贴合实际，反而导致涉案财物调查的改革存在阻碍。笔者认为，基于我国国情并结合现有法律规定，构建相对独立性涉案财物处置程序是较为合理的，相对独立性涉案财物处置程序是指在法庭调查过程中法官单独组织针对涉案财物的调查程序，相对独立于定罪量刑相关事实的调查，并根据调查情况就涉案财物作出处置决定的审判活动。

这里的"相对独立性"，一方面是指明确要求需要在刑事案件的庭审调查过程中增加专门的涉案财物调查环节，通过强制性的程序性要求，公诉机关可以在审判环节就涉案财物的处置提出专门的指控，进行相关的举证，而审判人员也必须要求在这个环节中对涉案财物权属、性质等内容进行审理，这样通过制度设计来尽可能避免现有司法实践中出现的涉案财物调查缺乏的问题，即使在实践操作中对于涉案财物的审理会不可避免地出现简略的情况，但至少有了这样专门性的环节，就能够最大限度地逐渐养成刑事案件中对于涉案财物调查、处置的重视程度。

另一方面，所谓"相对"是指区别于完全独立的"对物之诉"，并不是要求刑事案件必须在案件犯罪事实、量刑事实的庭审调查结束之后启动专门

---

① 戴长林：《依法规范刑事案件涉案财物处理程序》，《中国法律评论》，2014年第2期，第29页。
② 方柏兴：《论刑事诉讼中的"对物之诉"——一种以涉案财物处置为中心的裁判理论》，《华东政法大学学报》，2017年第5期，第121页。
③ 陈瑞华：《刑事对物之诉的初步研究》，《中国法学》，2019年第1期，第206页。
④ 高洁：《刑事对物之诉的程序构造》，《法学论坛》，2020年第5期，第75页。

针对涉案财物的诉讼程序进行调查，而是在庭审中犯罪事实、量刑事实调查完结之后再增加涉案财物调查的内容。有学者参考美国、英国的刑事没收程序提出在我国也建立独立的刑事没收程序，即对被告人定罪之后再启动独立的没收程序[①]。笔者认为没有必要建立这类完全独立的没收程序，理由如下：其一，严重影响效率，阻碍危害后果的及时修复。一般来说刑事诉讼的持续时间较长，如果需要法院对案件事实、量刑等内容进行审理判决之后再启动刑事涉案财物处置的程序，那么刑事涉案财物处置就需要花费很长时间，尤其是如果还经历二审程序，就会延迟很长时间才能够对涉案财物进行处置，这对于被害人、被告人的权益来说都是有很大影响的，被害人的损失不能在短时间内得到弥补，很容易造成对被害人的二次伤害。其二，定罪量刑审理与涉案财物调查在同一个刑事诉讼中以相对独立的方式进行，可以起到设立独立的刑事没收程序的实际效果，比如，专门对涉案财物的没收等问题进行调查并作出裁判。对涉案财物处置的独立性重视，与定罪量刑审查、裁判不能混淆。但相对独立性刑事涉案处置程序中，是在同一个庭审中结束刑事案件事实审理后再开始涉案财物的调查，二者是完全分开的，也不存在任何混淆问题。因此没有必要设立完全独立的刑事没收程序，反而造成司法资源的浪费。其三，设立相对独立性涉案财物调查程序更有利于充分调查涉案财物的情况。虽然被告人定罪量刑与涉案财物处置是完全不同的审理对象，但毕竟涉案财物的认定根本是与犯罪事实相关联的，涉及涉案财物究竟是不是应当退赔、收缴的钱款，是不是违禁品，是不是犯罪工具等问题，因此，为了更好、更高效地调查涉案财物权属、来源等情况，由同一个法官在同一个审理环节中对犯罪事实、涉案财物处置的事实进行分析调查是最适宜的。

二、相对独立性刑事涉案财物处置程序的必要性

（一）有效解决涉案财物处置不规范问题

如前所述，司法实践中涉案财物处置结果不规范，本质原因还是目前刑事审判没有形成对涉案财物进行审理的思维习惯，也就导致普遍刑事诉讼对于涉案财物调查、处置的缺失。如果能够在法院审判环节设立相对独立性刑事涉案

---

① 何永福：《刑事诉讼涉案财物处置程序研究》，社会科学文献出版社，2020年，第210页。

财物处置程序，从制度设计层面增加专门对涉案财物的情况进行实质性审理的环节，则能够保障法官对于涉案财物问题进行审理，从而为有效解决涉案财物处置不规范问题奠定了基础。

（二）激活并规范法院、检察机关对涉案财物的公诉、审判职能

第一，涉案财物处置是刑事诉讼中与对被告人进行定罪、量刑并列的重要组成部分，应当在刑事诉讼调查程序中进行专门性调查，但由于司法观念的落后，涉案财物处置问题长期未能得到应有的重视，检察机关在审查起诉阶段忽略对于涉案财物的审查，法院在审理阶段也相应地忽略对于涉案财物相关事实的调查。

第二，《刑事诉讼法司法解释》第二百一十八条规定，对提起公诉的案件，人民法院应当在收到起诉书和案卷、证据后，审查以下内容：是否查封、扣押、冻结被告人的违法所得或者其他涉案财物，查封、扣押、冻结是否逾期；是否随案移送涉案财物、附涉案财物清单；是否列明涉案财物权属情况；是否就涉案财物处理提供相关证据材料。《刑事诉讼法司法解释》第二百七十九条规定，法庭审理过程中，应当对查封、扣押、冻结财物及其孳息的权属、来源等情况，是否属于违法所得或者依法应当追缴的其他涉案财物进行调查，由公诉人说明情况、出示证据、提出处理建议，并听取被告人、辩护人等诉讼参与人的意见。《刑事诉讼法司法解释》第二百九十四条规定，合议庭评议案件，应当根据已经查明的事实、证据和有关法律规定，在充分考虑控辩双方意见的基础上，确定被告人是否有罪、构成何罪，有无从重、从轻、减轻或者免除处罚情节，应否处以刑罚、判处何种刑罚，附带民事诉讼如何解决，查封、扣押、冻结的财物及其孳息如何处理等，并依法作出判决、裁定。上述规定可以充分体现，目前从司法解释上已经明确对于涉案财物的合法性、权属等相关事实、证据是属于检察机关履行公诉职能的一部分，对涉案财物的处置必须是检察机关提起处理建议，并且在庭审过程中由公诉机关承担举证责任，而审理环节中对涉案财物组织调查、辩论并就其处理问题进行评议后作出裁判也是法院的法定审判职能之一。但实践中，检察机关怠于履行这项公诉职能，基本上是直接把侦查机关查封、扣押、冻结的财物直接移交给法院，由法院作出处置意见，但法院又存在对涉案财物审理不具体的问题，甚至出现对涉案财物没有有效审理就直接作出判决的现象。

因此，设立相对独立性涉案财物处置程序不仅从实质效果上能够解决涉案财物处置不规范问题，更重要的是体现其程序价值，激活检察机关、法院对于涉案财物的公诉、审判职能，从而有效监督办案机关、执行机关对于涉案财物

处置的滥权问题。

（三）加强利害关系主体的参与

设立相对独立性涉案财物处置程序的另一重要程序价值就在于使涉案财物调查处于公开透明化，为相关主体提供一个公平提出主张、参与调查的途径，增加合理的救济路径，根本上保障他们的权利实施，从而有利于提升司法公信力，降低有关主体对于涉案财物处置不规范的不满情绪。

第一，设立相对独立性涉案财物调查程序有利于辩方进行有效辩护。目前被告人对律师辩护的需求不再仅限于定罪量刑上的从宽，还会重点关注涉案财物的处置。实践中对于部分较为复杂的经济类犯罪，定罪量刑反而争议不大，尤其是认罪认罚实施以后，被告人普遍对刑期不再提出抗辩，但对于涉案财物的处置会有很多抗辩意见，希望最大限度地保护合法财产，为家庭提供生活保障。而事实上的确很多涉案财物在处置过程中存在一定争议，尤其是涉及违法所得与孳息的认定问题。目前实践中很少会在法庭调查中对涉案财物的情况进行调查，这就导致辩护人所提出的辩护意见没有机会发表，最多就是庭后提交书面意见，最后收到一纸判决时又无法看到法院具体的意见，到了执行阶段，执行局往往含糊地引用已经生效的判决，也不会专门进行调查，所以辩方始终缺乏一个有效的调查机会对涉案财物的情况进行审理查明。

第二，设立相对独立性涉案财物调查程序有利于被害人、利害关系人有效行使参与权。在刑事涉案财物裁判程序空间被挤压的情况下，除了被告人本身的辩护权受到限制，被害人、利害关系人更是无法行使自己的权益，保障自己的合法财产。普通的刑事案件法庭调查中，显然是不允许利害关系人参与的，如果涉案财物处置没有独立的调查程序，对于利害关系人参与的正当性就存在争议。现在能够设立专门的涉案财物调查程序，该程序中的审理对象就是涉案财物的权属、性质的问题，如果利害关系人经审查认定确实与涉案财物有实质性利害关系，就可以作为诉讼主体参与到调查过程中，利害关系人有权提起关于涉案财物的申请主张、进行举证、参与辩论，同时也能够充分知悉调查情况，增加对裁判结果的接受度。

事实上，无论是对于辩方还是利害关系人，其能够有效参与涉案财物调查程序，不仅是保障了他们自己的权益，更重要的是为法院进行涉案财物调查提供了更加丰富、全面的证据和意见等裁判依据，大力推动了涉案财物处置的结果公正性。

三、相对独立性刑事涉案财物处置程序的可行性

第一，涉案财物处置的调查是具有独立的调查和裁判对象。虽然涉案财物处置与定罪量刑依据的事实和证据存在一定重叠，但涉案财物处置的调查对象具有独立性：一是涉案财物与被告人的犯罪行为是否存在实质性关联；二是涉案财物的权属问题，比如，是否被第三人善意取得等，尤其是针对涉众型经济犯罪案件，涉案财物的权属关系极其复杂。显然这与定罪量刑的审理对象完全不同。涉案财物处置的裁判对象也是与定罪量刑不同的，裁判对象是对涉案财物是否被追缴、没收或责令退赔进行判决。

第二，针对部分不公开审理的刑事案件，通过程序性规则的设计可以有效保障刑事案件犯罪事实调查部门的独立性。比如，如果存在涉案财物利害关系人需要参与涉案财物调查程序，那么可以在法院进行犯罪事实、量刑事实调查时要求利害关系人进行回避，等到开启涉案财物调查程序时，利害关系人再进入法庭参与法庭调查。同时，关于涉案财物处置的裁判结果，可以考虑向利害关系人出具专门的裁判结果通知，这样也可以避免泄露刑事案件犯罪事实及证据、裁判结果。

第四节　相对独立性刑事涉案财物处置程序性规则构建

一、审查起诉阶段增加对涉案财物的审查工作

（一）审查起诉中增加对涉案财物进行审查的正当性与必要性

第一，从法理上分析涉案财物处置是检察机关公诉职能延伸的应有之义。检察机关的公诉职能最基本的含义是依据事实和法律代表国家对涉嫌犯罪的被告人提起公诉，追究其刑事责任的职责。而涉案财物处置的本质是对犯罪分子因为涉嫌犯罪的一切违法所得予以追缴、责令退赔或返还被害人等，追缴、退赔相关财物也是国家对犯罪嫌疑人追究刑事责任的一种形式。此外，从刑事诉讼的诉讼规律与构造来看，人民法院坚持"不告不理"原则只能作为居中裁判的角色，所有刑事诉讼中对于犯罪嫌疑人的财物进行追缴、责令退赔等只能由

检察机关提起公诉，辩方进行抗辩，法院审理作出裁判。因此，从公诉职能和涉案财物处置的含义来看，提出涉案财物处置应当是检察机关的公诉职能延伸。

第二，从法教义学上分析，刑事诉讼是一个过程，对于检察机关的义务应当是从立法的整个体系去判断。《刑事诉讼法》及其司法解释已经明确在审理阶段应当对涉案财物处置进行调查、辩论，已经赋予检察机关针对涉案财物的处置提出公诉意见、举示证据、陈述理由的义务。因此，检察机关在后续审理过程中具有举证、发表意见的义务，相对应地，即使并无明确的法律、司法解释进行规定，从整个刑事诉讼整体来看，检察机关显然在先前的审查起诉阶段应当具有对查封、扣押、冻结财物进行审查并作出如何处理财物的公诉意见。

第三，检察机关对涉案财物处置作出清晰、明确的指控，为后续法院进行独立审理并作出裁判具有极大的推动作用。根据前文的实证研究可知，实践中大量法官并没有对涉案财物进行实质审理，简单作出判决"违法所得予以追缴、没收"就将涉案财物的处置"推"给执行局解决，这除了法院本身缺乏涉案财物审理的意识，还在于从公诉机关这一源头就没有厘清涉案财物的具体情况并作出实质性的处理意见。试想，如果所有案件的公诉机关都在起诉书和公诉意见中对涉案财物作出明确的处理意见，法院显然要围绕公诉机关的请求与意见进行审理，无法回避。因此，检察机关应当在提起公诉的源头做好涉案财物处置规范化的带头作用。

（二）检察机关审查涉案财物的内容

涉案财物处置的含义包括：①对犯罪分子的违法所得予以追缴或责令退赔；②被害人的合法财产予以返还；③违禁品和供犯罪所用的本人财物（犯罪工具）应予没收。因此，前述内容都应当是检察机关在审查起诉阶段审查清楚提起公诉的对象。

第一，违法所得数额。检察机关应当对犯罪嫌疑人所涉及的（共同或单独的）违法所得数额予以明确。一般来说，检察机关在审查起诉中首先需要审查认定的是犯罪嫌疑人犯罪数额，因为犯罪数额决定了犯罪嫌疑人的定罪量刑，但是在涉案财物处置中犯罪数额并非直接依据，犯罪嫌疑人的违法所得才是对其作出追缴的基础数据。

第二，在案查控财物性质。检察机关应该对在案查封、扣押、冻结的财物的来源、性质、用途、权属等进行审理查明后，审查判断是否属于违法所得应予追缴，或者是否属于应当责令退赔的合法财产，或者是否属于利害关系人的合法财产。

第三，被害人合法财产。检察机关应当对犯罪嫌疑人涉嫌犯罪中被害人的合法财产数额进行审查认定。如果涉及的被害人合法财产并非金钱，而是特定物，则应当进行鉴定或评估确定数额。比如，被害人被偷一辆汽车，在无法追回原失车的情况下，应当对失车进行评估价格。

第四，检察机关应当对案涉违禁品作出认定，比如毒品、伪造货币、枪支等。

第五，检察机关应当对犯罪嫌疑人供犯罪所用的本人财物，也就是犯罪工具进行界定，需要说明的是犯罪工具除了犯罪嫌疑人使用的特定物品，还有金钱。比如，张三、李四、王五每人出 10 万元凑钱进行集资诈骗，其间使用 30 万元进行租赁办公用房等，这 30 万元显然是用于犯罪，属于犯罪工具，应予以没收。理论和实践中对于犯罪工具的认定争议还比较大，概念尚未清晰厘定。笔者认为，犯罪工具是否没收不会有固定的规范，更不可能明确哪一类物品不是工具，哪一类是工具。比如，同样是手机，现在很多犯罪都是通过手机来进行电子通信联系，那么手机是否统一认定为犯罪工具，笔者认为，这显然是不一定的，因为某物品是否属于犯罪工具的认定，从本质上来判断就是该工具（无论是物还是金钱）与实施犯罪是否具有直接性、关联性，以及该物品对于犯罪的实施和形成是否具有较大作用力。直接性是指对犯罪行为的发生、完成具有决定性或促进性的作用。关联性是指为了实施犯罪而准备的，可以从使用次数、使用比例、主观目的和提供作案工具的有责性等方面综合判断。比如，同样是手机，假如在受贿案件中，犯罪嫌疑人与受贿人仅通过手机约定受贿时间、地点，显然这不是犯罪工具，不应没收。相反，如果该犯罪嫌疑人从事的是介绍卖淫活动，长期通过网络在手机中查看并推荐卖淫女，属于利用手机来进行犯罪活动，应予辨析。

第六，退赔退缴款项。检察机关还应当对犯罪嫌疑人及其家属主动退缴在案的款项进行梳理确定。

第七，违法所得追缴范围。大多数情况犯罪嫌疑人会存在使用、转移违法所得情况，而追赃工作也是弥补犯罪造成的社会危害后果的重要途径，对于违法所得数额经查明后依法予以追缴，但司法实践中刑事判决执行过程中对于追缴违法所得一般局限于对在案查控的财产，对于被告人其他已经转移的违法所得无法进行调查、执行。现有立法中，对于部分违法所得的转移是可以依法进行追缴的，例如，根据《最高人民法院、最高人民检察院关于办理诈骗刑事案件具体应用法律若干问题的解释》第十条的规定："行为人已将诈骗财物用于清偿债务或者转让给他人，具有下列情形之一的，应当依法追缴：（一）对方明知是诈骗财物而收取的；（二）对方无偿取得诈骗财物的；（三）对方以明显低于市场的价格取得诈骗财物的；（四）对方取得诈骗财物系源于非法债务或者违法犯罪活动的。"一般来说，侦查机关在侦查过程中是会对违法所得去向进行调查的，但有时候可能因为违法所得去向较多，且与犯罪事实关联较低，所以并没有彻底进行去向的侦查，从而直接影响刑事判决的执行效果。根据笔者办案经验来看，尤其针对诈骗这类经济相关的案件，对于被害人来说往往对被告人的定罪是没有那么在意的，反而是对于自己的损失（即违法所得）是否能够追回是更加关心的。如果检察机关能够在审查起诉阶段对于较为明显的违法所得转移进行审查，比如，诈骗罪中犯罪嫌疑人将违法所得直接大额转账给案外人或大额消费、支付的情况，建议对于是否存在符合上述条款的转移情形进行审查，从而为后来的判决执行提供帮助，同时能够让被害人看到公权力机关对于保障合法权益所做出的努力，更能体现出社会效果。

（三）检察机关就涉案财物处置作出公诉意见

在查清犯罪嫌疑人的违法所得等事实以后，检察机关根据现有证据对侦查机关、监察机关已经在案查封、扣押、冻结的财物进行辨别并根据不同情况作出不同的认定，大致分为五种情况：①检察机关应当对侦查机关、监察机关在案查封、扣押、冻结财物的合法性进行审查，如果有违规、超范围查封、扣押、冻结的应当立即解除，不再向法院移送由法院重复审查处理。②检察机关对在案查封、扣押、冻结财物的权属、来源等进行审查认定，以判断是否为犯罪嫌疑人违法所得或犯罪嫌疑人合法财产或案外人合法财产，并作出追缴或没收的处理意见，同时对于不足以覆盖违法所得总数额的情况下应对被告人责令退赔。③检察机关对于现有证据无法查清在案财物是否为违法所得或合法财产的，检察机关有权退回补充侦查予以明确。④检察机关对于在案财物所有权并非犯罪嫌疑人的，应当审慎审查被害人或财物所有权人，充分听取其意见，保障被害人以及案外人的合法权益。⑤检察机关通过阅卷后认为犯罪嫌疑人的赃款赃物去向尚未完全查明，有权要求侦查机关补充侦查。检察机关除了对在案查控的涉案财物提出处理意见，还需要对继续追缴的尚未足额查封、扣押的其他违法所得提出处理意见。

二、审判阶段设立涉案财物独立性调查程序

（一）相对独立性涉案财物调查中的主体

刑事案件涉案财物调查的参与主体、诉讼构造相较于普通庭审调查是具有

一定特殊性的,刑事案件普通庭审调查是由审判人员、公诉人、被告人(以及辩护律师)形成三方诉讼结构,庭审涉案财物独立性调查程序中由公诉人代表国家就涉案财物提出追缴、没收等指控,并举示相应证据。被告人及其辩护人就涉案财物的认定进行质证、提出抗辩,且可以举示辩方证据。被害人、利害关系人如果有证据证明其对涉案财物享有合法权益的,有权申请参与调查程序。法院针对三方举证、辩论内容居中作出审理认定、裁判。

(二)相对独立性涉案财物调查程序规则

第一,可以进一步加强庭前会议的功能与作用。建议对所有召开庭前会议的案件都增加就涉案财物处理听取双方意见的环节,对于的确没有争议的案件可以在庭前会议中作出记录,法庭调查中关于涉案财物的调查就从简,只要公诉机关简要陈述事实情况与处理意见即可,保障涉案财物处置调查的繁简结合。

第二,利害关系人参与庭审的条件。按照司法解释的规定,利害关系人参与庭审的条件是法院认为必要,可以通知其出庭,显然这对于利害关系人维护权益来说是不利的。虽然法庭申请证人出庭已经呼吁改革多年,但效果不明显。笔者认为既然提出构建独立性调查程序,目的就是充分地对案件涉案财物进行审理调查,那么就应当保障利害关系人参与其中的权利,在实践中就"必要性"的审查控制为"批准为原则,不批准为例外"。但需要注意的是,利害关系人应当持有一定的基础性证据证实他的主张,否则法院也可不批准其参与庭审调查。

第三,涉案财物调查程序应当设置在案件定罪量刑相关事实调查结束之后,具体调查内容及安排,笔者认为:①由公诉机关宣读有关涉案财物的查封、扣押、冻结情况,提出关于涉案财物处置的公诉意见,公诉意见的内容详见前文的相关论述。②公诉机关就涉案财物的相关情况进行举证,举证主要包括查封、扣押、冻结财物的权属、价值、来源等所有相关证据,与犯罪有关的证据。③被告人及其辩护律师、利害关系人依次发表质证意见,发表完成后如有证据则进行举证。一般来说,建议主张享有合法权益的利害关系人尽量自行收集证据举示,有利于法院在庭审中更加清晰、明确地查明涉案财物权属问题。④法院根据调查情况总结争议焦点,组织公诉人、被告人及其辩护人、利害关系人依次发表针对涉案财物的辩论意见。

(三)相对独立性涉案财物调查内容

关于涉案财物的调查主要针对两个方面:一个方面是涉案财物本身的信息,即来源、性质、用途、权属及价值。主要依据的证据有被告人供述、被害人陈述、证人证言、财产购买凭证、银行交易流水、权属证明文件、价格鉴定意见、评估意见。另一个方面是涉案财物与被告人、犯罪事实之间的关系。常见的判断标准：该物品是否为被告人通过违法犯罪活动所赚取、获得的财产及其孳息、收益，是否存在明确的被害人；该物品是否为利害关系人用以支持被告人或同案犯实施犯罪而主动提供的财产；该物品是否为违禁品或被告人用于犯罪的本人财物；该物品是否为违法所得与合法财产共同购买获得，价值方面是否可以有效分割；利害关系人名下的财物是否明知是违法犯罪所得而接受的；利害关系人是否无偿或明显低于市场价格获取的；利害关系人是否通过非法债务清偿或者违法犯罪活动取得涉案财物。

（四）涉案财物处置裁判规则

1. 裁判说理规则

判决书中的说理部分能够相对"透明化"地反映出案件结果的形成过程以及法官的思维逻辑，帮助辩方有效理解裁判结果的形成原因和法律适用情况，尤其是应当对是否采纳辩护意见进行说理，在很大程度上能够促进息诉服判。另外，裁判说理规则能够将法官错误的论证过程如实暴露，接受辩方和法律监督机关的监督，也便于基于其论证理由提出上诉、抗诉，裁判说理的公开对于法院公正审判有着长远的积极意义。因此，对于涉案财物处置的透明化、公开化审判，笔者认为应当落实裁判说理规则，要求法院在判决书中对于所有存在争议的涉案财物的基本信息、审理情况，以及处置结果和理由均进行详细的说理。

2. 裁判判项内容

判决书涉案财物的裁判规则主要有三大方面内容：一是涉案财物中被法院依法作出处置的，即哪些涉案财物被认定为违法所得予以追缴，哪些涉案财物被认定为违禁品或犯罪工具予以没收，哪些涉案财物应当返还被害人（不同被害人之间返还的数额应当明确）。二是被告人的违法所得还应责令退赔的数额或范围。共同犯罪中，不同被告人之间应当分别判决，数额明确清晰。三是涉案财物中被法院认定为合法财产予以发还被告人或利害关系人的，这部分判项必须予以明确，利害关系人才能依据生效判决申请解除查封、扣押等。

3. 正确适用"追缴"与"责令退赔"

如前所述，实践中裁判文书判项中对于"追缴"与"责令退赔"的错误使用是最多的。追缴指的是将犯罪分子的违法所得之物予以追回并收缴。责令退赔是在违法所得已被毁损、灭失、挥霍、消费的，责令其按照财物的价值予以赔偿。总结的几条常见情形如下：①违法所得之物系假币、毒品、枪支弹药、管制刀具等违禁品的，依法追缴后，交由有权机关依法销毁或做特殊处理。违禁品灭失的，一般不责令退赔。②违法所得的追缴对象不限于被告人本人，第三人无偿取得、明显低于市场价格取得等非善意取得的，可向第三人追缴，原物已经灭失的，退赔责任的法定主体仍为被告人。③基于获取不当利益、赌博、嫖娼等不法目的而行贿、被骗等场合，追缴或责令退赔到位的款物应予以没收。④共同犯罪的违法所得，退缴后需返还被害人的，原则上适用连带退赔责任，电信网络诈骗等对主从犯有特殊规定的，适用特殊规定；退缴后上缴国库的，各被告人仅对其实际违法所得具有退缴责任。

关于查不清违法所得去向，但已查扣被告人价值大于违法所得的合法财产时，能否追缴被告人的等值合法财产问题。笔者认为，在违法所得去向不清时，查扣了被执行人合法财产，此时应当责令退赔，而不是追缴。因为被告人不肯交代违法所得去处，可以视为违法所得已经消耗，原则上应当责令退赔。但当司法机关已经查扣了被告人大于违法所得的合法财产时，已经没有必要责令被告人退赔，而可以直接追缴被告人等值的合法财产。如果司法机关没有查扣到被告人的合法财产，或者合法财产不足折抵违法所得，则应责令被告人退赔不足部分[1]。

---

[1] 梁健：《刑事涉案财物处置的失范与规范》，《中国刑事法杂志》，2022年第5期，第91页。

后 记

刑事诉讼制度的转型与革新，旨在回应社会变迁、科技进步，以及人民群众对公正、高效司法的新期待，是中国法治建设在新时代背景下的一项重要课题。本书沿着刑事诉讼的基本时间顺序进行梳理，通过划分一些重点板块，挑选其中的热点问题来对转型时期的证据法学相关研究进行探析。本书分章节对捕诉合一改革、认罪认罚从宽制度改革、庭审实质化改革、在线诉讼技术革新、刑事推定、量刑精准化、刑事涉案财物处理等前沿问题进行说明和分析，重点考察这些改革举措中的证明难点；通过集结的方式向读者尽力展示当前我国证据法学研究关注的内容，或能对读者有所助益。

本书由四名作者共同完成，分工如下：谢天负责第一章、第五章、第六章的写作，李汀负责导论和第三章的写作，庞彦燕负责第二章、第七章的写作，余晶负责第四章和后记的写作，统稿由李汀完成。衷心感谢每一位作者对本书的贡献，感谢书中所有被引用者提供的研究成果。然而，由于本书在选稿之初就存在主题筛选，书中内容难免存在一定局限性。正如本书主题，我们皆身处转型的时代，外部大环境和司法体制都在不断变革，随着时间的推移，更丰富的观点会被提出，新的政策条款也会被施行，本书的内容仅仅起到抛砖引玉之作用，期待读者和诸位学术同仁提出宝贵的建议和对策。